本丛书得到何东先生独资赞助

This series of books is financially supported exclusively
by Mr. Eric Hotung.

20世纪中国文物考古发现与研究丛书

古代玉器

张明华／著

文物出版社

一　安徽含山凌家滩遗址
　　出土新石器时代玉鹰

二　河南安阳殷墟商代
　　妇好墓出土玉凤

三　山西曲沃曲村遗址北西周
　　赵晋侯墓出土玉人

四　湖北随县战国曾侯乙墓
　　出土玉璜

五　陕西咸阳西汉渭陵
　　西北遗址出土仙人
　　御马玉件

六　江苏邗江东汉
　　老虎墩墓出土
　　飞熊丹药玉瓶

七　江苏无锡元代钱裕墓出土玉带钩

八　北京昌平明代定陵出土金托玉爵

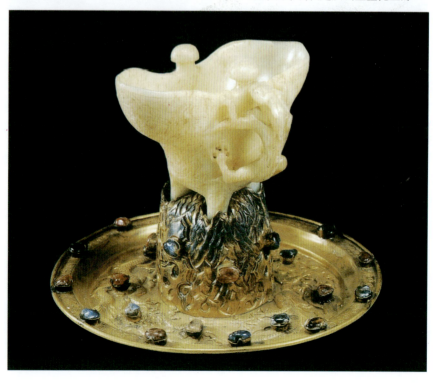

20 世纪中国文物考古发现与研究丛书

序／张文彬

　　俗称"锄头考古学"的田野考古学的诞生以及中国考古学学科体系的基本完善，由此而引起的古物鉴玩观赏著录向科学的文物学的转变，是 20 世纪中国学术与文化界的大事。它从材料与方法两个方面彻底刷新了持续了数千年之久的中国古代史学传统，不但为中国学术界和文化界开拓出更加广阔的研究天地，也为一切关心中华民族悠久历史和灿烂文明的人们不断地提供了可贵的精神滋养和力量源泉。

　　仰古、述古、探古，进而考古，向来为我国传统文化中一个明显的学术特点。先秦时期诸子百家发其端，汉代司马迁撰写《史记》，北魏郦道元作注《水经》。他们对相关的遗迹遗物，尽可能地做到亲自考察和调查，既能辨史又可补史。这种寻根追源的治学态度，为后世学术上的探古、考古树立了榜样。此后，山河间的访古和书斋式的究古相继开展，特别是对古器物的研究，成了唐、宋时期的文化时尚。不少学者热衷于青铜铭文、碑刻、陶文、印章等古文字的考释，进而有了对器物的辨伪鉴定、时代判断、分类命名等，逐渐兴起了一门新的学问——金石学，涌现出许多著名的古器物鉴赏家和收藏家。只是囿于当时的历史条件，金石学家们无法了解所见文物的出土地点和情况，也难以涉及史前时代漫长的演进历程，因而长期以来始终脱离不了考证文字和证经补史的窠臼。即使如此，他们的艰辛努力和取得的成绩，还是为推动我国传统文化的发展起到了积极作用，并且在事实上也为中国考古学和中国文物学的起步铺设了最早的一段道路。

20世纪初，近代考古学由西方传入。中国学者继承金石学的研究成果，学习并运用西方考古学方法，开始从事田野考古，通过历史物质文化遗存，探寻和认识古代社会，揭示人类社会发展规律。早在1926年，中国学者就自行主持山西南部汾河流域的调查和夏县西阴村史前遗址的发掘。随后，我国学者同美国研究机构合作，有计划地发掘周口店遗址，发现了北京猿人。从1928年起至1937年，连续十五次发掘安阳殷墟遗址，取得了较大收获，引起了国内外学术界的重视。自20世纪50年代以后，随着国家大规模经济建设的进行，田野考古勘探、调查和科学发掘工作在全国范围内蓬勃有序地开展，许多重要的典型遗址和墓地被揭露出来，重大发现举世瞩目。它们脉络清晰，层位分明，文化相连，不仅弥补了某些地域上的空白，而且衔接了年代上的缺环，为研究中国古代史、文化史、科学史以及其他学科领域，提供了珍贵、丰富的实物资料，极大地影响着人文社会科学诸多学科专业的研究与发展。这段时间被学术界称为中国考古学的黄金时代。在马列主义理论指导下，具有中国特色的考古学理论体系和方法论逐渐形成。有关研究成果不仅极大地改变和丰富了人们对中国文明起源、中国古史发展等重大问题的认识，同时也扩展了中国文物的研究领域和研究方式。可以说，考古学的发展与进步，直接影响到文物学的形成与发展，而且影响到全社会对文化遗产重要作用的认识以及世界学术界对中国古代文明的重新认识。

从20世纪80年代开始，文物界就中国文物学的创立，逐渐取得共识，在共同探讨的基础上，初步形成了学科体系。不少学者发表了有关论文，出版了专著，就文物的历史价值、科学价值、艺术价值以及在社会主义的物质文明与精神文明建设中如何对文物进行有效保护、合理利用发表意见。这些研究成果已获得学术界的赞同。

在这世纪之交和千年更替之际，对中国考古学和中国文物事业作一次世纪性的回顾和反思，给予科学的总结，是许多学者正在思考和研究的问题。如果能通过梳理20世纪以来重大发现和研究成果，透视学科自身成长的历程，从而展望未来发展的方向，以激励后来者继续攀登科学高峰，无疑是一件很有意义的事。为此，经过酝酿、商讨和广泛征求意见，我们约请一批学者（其中有相当多的中青年学者）就自己的专长选择一个专题，独立成篇，由文物出版社编辑出版一套《20世纪中国文物考古发现与研究丛书》，并以此作为向新世纪的献礼。

从某种意义上说，《20世纪中国文物考古发现与研究丛书》是一套学科发展史和学术研究史丛书。其内容包括对20世纪考古与文物工作概况的综合阐述；对一些重要的考古学文化和古代区域文化研究情况的叙述；对文物考古的专题研究；对重要的文物考古发现、发掘及研究的个例纪实。

此套丛书的内容面广，而且彼此关联。考虑到各选题在某些内容上难免会有重叠或复述，因此在编撰之初，我们要求各选题之间互有侧重，彼此补充，以期为读者了解20世纪中国考古学和文物学的发展提供更多的视角。

我国的文物与考古工作，虽在20世纪得到了迅速发展，但仍有许多重大学术问题需要进一步探索。我们主持编辑这套丛书，除了强调材料真实，考释有据，写作态度严谨求实外，也不回避以往在工作或研究上曾经产生的纰漏差错和不足之处，以便为今后的工作和研究提供借鉴。虽然我们尽了很大努力，但限于水平，各篇仍很难整齐划一。由于组稿和作者方面的困难和变化，一些计划之中的题目也未能成书。这些不周之处，敬请专家、学者和广大读者批评指正。

在丛书编印过程中，我们得到了文物、考古界的广泛支持。何东先生在出版经费上给予了热情帮助。在此，一并深表感谢。

2000年6月于北京

目　　录

插 图 目 录

前言

玉是火山运动的产物。在使用打制技术的旧石器时代，人们只把它当作与一般石头并无多大区别的、制作工具或某些生活用品的原材料。

随着社会的发展、生产力的提高和石器精加工技术——磨制甚或抛光工艺的发明，人们逐渐懂得把一些颜色鲜丽、质地坚韧的材料从普通的石头中挑选出来，专门用于制作精美的装饰品或少数用途重要的器具，并初步产生了"玉"的概念。然而，玉材毕竟稀贵，且取之不易、加工繁难，因此，当时只能提供给少数显贵首领或王者享用。

在科技水平相当有限的年代，人们对日月风光、云雨雷电等自然现象和衣食住行、农耕渔猎等社会问题无法认识和理解。为得到解脱和护佑，人们便自然地将现实生活中的玉器运用到了盛极一时的巫术中去。考古发现证明，至少在距今约六千年的崧泽文化时期，就已出现了无生产功能、无装饰意义、纯意识形态的玉器——玉琀。它也许是中国"七窍玉"最早的祖形。人们可能期望依其神力，使躯体不腐、灵魂升天。此后，随着人们在这方面意识的不断加强，玉器又成为以求得与天地、鬼神、先祖相通的礼仪法器。

距今四五千年的新石器时代末期，红山文化、良渚文化、石家河文化及龙山文化的迅速崛起，使玉器的制作、使用骤然升温。从关乎生存祸福，专事天地、先祖、鬼神的法器到表示权威、地位、财富的礼仪用具，从纤巧、玲珑、艳丽的装饰品到至今用途未定、造型奇特的不知名玉器，不仅种类繁多、数量可观，而且还反映了先民严密、神圣的用玉制度和精美、细腻的琢玉工艺。

除出土实物外，先秦文献中也有关于用玉制度的记载。如传战国撰就的《周礼·大宗伯》中留下了"以玉作六器，以礼天地四方"等内容。汉代袁康的《越绝书》记载了风胡子在与楚王的对话中，由重玉而提出的古代社会经历了"以石为兵"、"以玉为兵"、"以铜为兵"、"以铁为兵"四个阶段的理论。这比西方学者提出的同样以典型器物作为标志物划分社会发展阶段的理论——"石器时代"、"铜器时代"、"铁器时代"，足足前推了两千多年。北宋吕大临的《考古图》是最早收录古代玉器资料的金石学著作。清末吴大澂的《古玉图考》中绘有大量的玉器线图，有的则以正反两面展示，且大多注明大小比例、玉色、受沁情况及出土地点。由于诸器描绘精确，不少还能"按图索骥"，找到原物的下落。

近百年来，特别是20世纪后半期，通过考古界、学术界的不懈努力，成千上万、精彩纷呈的考古发现与见解精辟、视角独到的玉器研究，为我们全面地展现了中国玉器发展的客观面貌。

为了尽可能避免同类著作中经常出现的陈旧模式，本书的发现部分，采用了在各个时代具有不同侧重点的简单导语之后，对典型发现和器物作详细报道的方法；研究部分，则在罗列了各个专题之后，选择代表性的成果、观点、器物等作重点表述，有的直抒己见。囿于本人的水平，书中所用资料和所述观点难免有疏误不妥之处，恳请读者批评指正。

一 中国古代玉器发现与研究概述

中国古代玉器的发现与研究是因果关系，有了发现才有研究。

中国出土玉器的历史十分悠久。江苏吴县吴国窖藏中的良渚文化残玉琮，就生动地反映了春秋时期已有古代玉器出土。而上海福泉山良渚大墓中的崧泽文化玉璜，更将这种现象前推。中国古代玉器的发现与研究，即是对这一百年来丰富发现和相关研究的回顾和总结。

中国古代玉器的发现与研究大致可以分为以下三个阶段：

第一阶段从 20 世纪初到 1949 年。此阶段正值中华民族刚刚摆脱腐朽的满清封建制度，军阀混战，内乱不断。旧中国的考古工作还未走上正轨。玉器发现较少，且有一部分流失海外。这些都给相关研究工作带来了一定的困难。当然，章鸿钊的《玉石在中国历史上之价值及其名称》[1]、刘心湅的《玉纪补》[2]一卷、谢英伯的《中国玉器时代文化史纲》[3]、刘子芬的《古玉考》[4]、徐中舒的《谈古玉》[5]、陈大年的《陈大年所藏玉器石器琉璃器说明书》[6] 和《古玉在中国美术之位置》[7]、刘大同的《古玉辨》[8] 及日本梅原末治的《殷墟出土的一古琮》[9]、上野有竹的《古玉概说》[10] 等论述，都产生过一定的影响，但文中基本上采用的是夏鼐所说的、传统的"经生方法"。而郑德坤的《古玉通论》[11]、李济的《研究中国古玉问题的新资料》[12] 和郭宝钧的《古玉新诠》[13]，是此阶段探索如何运用考古学方法科学地研究玉器的先导性论文。

第二阶段从 1949 年到 1981 年。新中国成立后，百废待兴，展开了大规模的基本建设，正规的考古队伍也开始成长。因此，此期出土的玉器相对第一阶段要丰富得多，资料的获得也科学得多。河姆渡遗址、崧泽遗址、江苏草鞋山遗址、寺墩遗址、日照龙山文化遗址、二里头遗址、殷墟妇好墓、曾侯乙墓、山彪镇与琉璃阁、中山王国墓、满城刘胜墓、临沂刘疵墓和西安附近茂陵、渭陵等的玉器的每一次发现，几乎都轰动一时。但同时也存在一些具体问题：首先，由于历史原因和传统习惯，出土玉器长期得不到重视，一般只作装饰性小项对待。其次，资料报道相当的简单、笼统，有的干脆忽略不记。最后，研究的情况更是由各人兴趣所至，缺乏系统性、指导性。特别是 20 世纪 60、70 年代的玉器研究更是陷入一种低迷状态。当时能见的、比较有质量的研玉文章，一般多作为发掘报告结语的一部分出现。而郭沫若的《释黄》[14]和《释其》[15]，陈佐夫的《良渚古玉探讨》[16]，唐兰的《毛公鼎"朱韨、葱衡、玉环、玉瑹"新解》[17]，冯汉骥、童恩正的《记广汉出土的玉石器》[18]等，则是此期并不多见的、质量较高的论文。相对于大陆学者的拘谨，海外学者的研究则比较活跃。如日本林巳奈夫的《玉器》[19]和《中国古代的祭玉、瑞玉》[20]、台湾那志良的《玉器》[21]和《中国的玉器》[22]、美国张光直的《中国新石器时代文化断代》[23]等。但在出土新资料的引用上仍明显地滞后。这与当时大陆缺乏对外交流有直接的关系。

第三阶段从 1982 年到 20 世纪末。这一阶段的玉器发现，以 1982 年上海福泉山遗址的重大考古成果为契机和标志。由于该遗址首次明确了良渚文化高土台大墓、祭坛的特殊迹象，并出土了一大批质优、工精、纹样神秘的玉琮、璧、戚等礼器和饰件，因而引起了考古界、史学界的极大重视。苏秉琦将福泉山式的良渚高土台墓地称誉为"土筑金字塔"。恰逢其时，浙江反山遗址、瑶山遗址一大批良渚大墓及精美绝伦的玉器、规模庞大的祭坛等也相继出现。这些新石器时代晚期良渚文化的重要遗迹与文物，为探索中国文明的起源提供了不可多得的实证资料。随着中国改革开放步伐的加快，学术气氛空前活跃。此期分别在上海、浙江、江苏等地举行过近十次良渚文化及其玉器的专题研讨会，且多有精彩的会议论文集出版。如南京博物院的《东方文明之光》[24]等，对玉器的研究十分深入、扎实。由上海博物馆、南京博物院、浙江省考古研究所编撰的《良渚文化玉器》[25]，则首次集中展示了出土良渚古玉的面貌，为学界提供了重要的研究对象。在此基础上，笔者撰写出第一部良渚玉器的研究性专著——《良渚古玉》[26]。从浙江"国际良渚学中心"编辑出版的《良渚学文集》[27]中约有五百篇发掘报告、专题论文的数量上，足见良渚玉器研究达到了十分丰富、成熟的程度。鉴于良渚玉文化在中国文明研究中的特殊地位，以良渚玉琮、璧等礼器为代表的研究对象，几乎拓展和带动了中国整个历史时期玉文化研究的范畴和工作。此外，北方辽西牛河梁女神庙、积石冢、祭坛、大型墓葬和玉猪龙、箍形器、勾云形珮等的发现及湘鄂地区石家河文化玉器、四川广汉三星堆遗址商代玉器的出土，更把中国古代玉器研究推向了高潮。

在玉器发现取得丰硕成果的同时，玉器研究队伍也得到了迅速壮大，且形式众多、机制灵活。如全国性的"中国文物学会玉器研究委员会"，就是集考古、文博、文史、地矿等各界于一体的研究力量。自1996年"中国传世古玉鉴定学术研讨会"以来，他们先后召开了"中国玉文化、玉学学术研讨会"等多次颇有影响力的学术会议，并出版了《传世古玉辨伪与鉴考》[28]等一系列高质量的会议论文集。由费孝通提议成立的"中国古代玉器与传统文化研究会"，主要集合了考古界第一线的研究力量。他们先后在沈阳、杭州等地召开了红山、良渚等古玉的专题研讨会。港台的"杨建芳师生古玉研究会"是以研究与普及并重的研玉组织。他们先后出版的《三门峡虢国女贵族墓出土玉器精粹》[29]、《安徽省出土玉器精粹》[30]等研究性图录，充分利用第一手的考古资料，并以拍摄、展示玉器工艺留下的微痕图片为特色，对历代琢玉工艺展开了全面的研究。另一种形式是以影响力、号召力较大的文博单位独家集积各路专家举办的专题性研讨会。如香港中文大学中国考古艺术研究中心的"南中国及临近地区古文化研究国际会议"、上海博物馆的"中国隋唐至清代玉器学术研讨会"等。至于"上海市宝玉石协会"、"中国玉学会（台湾）"等地方性的研玉组织，虽也有一些专业性会议，但他们更侧重于古玉收藏等交流活动。

此期活跃于不同领域、掌握不同学识和技能的专家学者，或参加专题会议，或进行独立研究，并在多种刊物上就各期玉器的器形、纹饰、用途、质地、工艺、铭文、辨伪、区域、族属特色、相关文献、玉料来源等方面发表了自己的观点。

一大批考古学家将田野的第一手资料直接运用到中国古代玉器的研究课题中。如夏鼐的《有关安阳殷墟玉器的几个问题》[31]、安志敏的《牙璧试析》[32]和刘庆柱的《唐代玉器的考古发现与研究》[33]等。

诸多大学问家的一系列阐论，给玉器研究增加了更为深厚的历史文化底蕴。如李学勤的《〈周礼〉玉器与先秦礼玉的源流》[34]、饶宗颐的《中国"玉"文化研究的二三问题》[35]等。

古文字学家从铭文入手，对商周的玉文化进行直接诠释。如王宇信的《卜辞所见殷人宝玉、用玉及几点启示》[36]、张永山的《金文中的玉礼》[37]等。

专注于古文献的学者努力发掘古文献中的相关内容，并以此为据展开考古学研究。如孙庆伟的《〈考工记·玉人〉的考古学研究》[38]等。

地质矿物学专家学者的一系列报告和论文，使玉器研究进入了更为严谨的自然科学的新领域。如董荣鑫的《崧泽遗址出土石器、玉器的岩石类型及来源》[39]、闻广的《苏南新石器时代玉器的考古地质学研究》[40]等。

然而，在众多的研究中，关于"文明进程"和"玉器时代"的讨论，则是较为突出的理论课题。

前者争论的焦点在于新石器时代晚期，玉所指示的贫富分化、等级关系、礼仪制度等，能否证明良渚、红山、龙山诸发达文化的社会形态已达到了文明程度。对这一问题持肯定态度的严文明在《良渚遗址的历史地位》[41]一文中，以"良渚文化的琮、璧、钺等玉器以及云雷纹饰等都为商文化所继承和发展"等诸多原因为据，并结合其他一些重大的考古迹象认为，"中国文明起源的时间比许多人估计的要早，东亚文明曙光的出现看来并不比西亚晚。而最初照射的几束光芒中，良渚的一束显得特别耀眼。……也许有一天我们可以提笔写一部良渚王国的历史，就像写西亚河流域苏美尔王国的历史一样"。持否定态度的学者以安志敏为代表。他在《良渚文化与文明起源》[42]一文中指出，"把玉琮作为巫师的'通神工具'、'国家缔造者的神化形象'，甚至'象征王权、神权和整个统治阶级的重器'等等，未免是一种抽象的估计"。"以上种种，表明良渚文化同文明时代的主要标志还有较大的差距"。

"玉器时代"一说，是20世纪20年代，由章鸿钊在《玉石在中国历史上之价值及其名称》[43]一文中，以英文"THE JADE AGE"表达出来的。问题的再次提出，是由80年代上海福泉山等良渚葬玉大墓的发掘引发的。1986年，张光直在《谈"琮"及其在中国古史上的意义》[44]一文中认为，"西方考古学讲石器时代、铜器时代、铁器时代，比起中国来中间缺一个玉器时代"。在同一篇文章中，他又将此阶段称作"玉琮时代"。不过他在一次接受采访时解释说，"（玉器时代）其意义并不是在于玉器阶段的存在，而在于玉器象征的政权集中过程之特色。……并不是一定要用这个名词，用别的也可以"[45]。90年代开始，牟永抗等通过新闻界或自己撰文，将"玉器时代"完全肯定化、理论化，并认为其是中国文明起源的重要标志[46]。不同意此说的学者以笔者为代表。在《"玉器时代"之我见》等几篇文章中，笔者着重提出"学术讨论要符合逻辑、理顺概念"[47]。

另外，海外研玉专家学者也取得了一定的成果。如日本林巳奈夫的《中国古玉研究》[48]、台湾邓淑苹的《新石器时代玉器图录》[49]、俞美霞的《战国玉器研究》[50]等等，使这一阶段玉器的发现与研究呈现出领域广阔、空前繁荣、百花齐放的崭新面貌。

其他出版物，除数量较多、报道详尽的发掘报告之外，桑行之等编辑的《说玉》[51]一书，将四十一种比较重要的、分散的宋代至民国初研究玉器的文献集中缩小影印出版，极大地方便了普通读者和研玉人员的检索工作。最值得一提的是图象清晰的玉器图录的出版。其中当以《中国玉器全集》[52]六册为重。该书首次全景式、图文并茂地展示了以出土玉器为主的中国古玉的面貌，且每个历史章节都有此段研玉专家的阐论。另如《故宫藏玉》[53]、《山西省博物馆藏文物精华》[54]、《牛河梁红山文化遗址与玉器精粹》[55]、《南越王墓玉器》[56]、《吴国王室玉器》[57]、《中国文物精华》[58]等，组成了一个比较科学完整的关于中国古代玉器发现与研究的信息库。

注　释

[1] 章鸿钊《玉石在中国历史上之价值及其名称》，《中国地质杂志》第一卷，1922 年。

[2] 刘心洁《玉纪补》，岭南玉社丛书本，1925 年。

[3] 谢英伯《中国玉器时代文化史纲》，中华考古学会 1930 年版。

[4] 刘子芬《古玉考》，梅县刘氏石印本，1925 年。

[5] 徐中舒《谈古玉》，（成都）《中央日报》1945 年 5 月 13 日。

[6] 陈大年《陈大年所藏玉器石器琉璃器说明书》，南京举行教育部第二次全国美术展览会，1937 年。

[7] 陈大年《古玉在中国美术之位置》，《美术》1936 年 6 月。

[8] 刘大同《古玉辨》，刘氏待价轩精印本，1940 年。

[9] [日] 梅原末治《殷墟出土的一古琮》，（日本）《考古学杂志》第 22 期 10 号，1932 年。

[10] [日] 上野有竹《古玉概说》，中华书局 1936 年版。

[11] 郑德坤《古玉通论》，《文史杂志》1945 年 5 卷 9、10 期。

[12] 李济《研究中国古玉问题的新资料》，《历史语言研究所集刊》第十三本，1948 年。

[13] 郭宝钧《古玉新诠》，《历史语言研究所集刊》第二十本下，1949 年。

[14] 郭沫若《释黄》，《金文丛考》，1954 年。

［15］郭沫若《释其》,《金文丛考》, 1954 年。

［16］陈佐夫《良渚古玉探讨》,《考古通讯》1957 年第 2 期。

［17］唐兰《毛公鼎"朱韨、葱衡、玉环、玉瑹"新解》,《光明日报》1961 年 5 月 9 日。

［18］冯汉骥、童恩正《记广汉出土的玉石器》,《文物》1979 年第 2 期。

［19］〔日〕林巳奈夫《玉器》, 大阪市立美术馆编《汉代的玉器》,（日本）平凡社 1975 年版。

［20］〔日〕林巳奈夫《中国古代的祭玉・瑞玉》,（京都）《东方学报》第四十册, 1969 年。

［21］那志良《玉器》,（台湾）广文书店 1964 年版。

［22］那志良《中国的玉器》,（台湾）广文书店 1964 年版。

［23］〔美〕张光直《中国新石器时代文化断代》,《历史语言研究所集刊》第三十本, 1959 年。

［24］南京博物院《东方文明之光》, 海南国际新闻出版中心 1996 年版。

［25］浙江省文物考古研究所等《良渚文化玉器》, 文物出版社 1989 年版。

［26］张明华《良渚古玉》,（台湾）渡假出版社 1995 年版。

［27］国际良渚学中心《良渚学文集》, 2001 年。

［28］杨伯达主编《传世古玉辨伪与鉴考》, 紫禁城出版社 1998 年版。

［29］河南省文物考古研究所等《三门峡虢国女贵族墓出土玉器精粹》,（台湾）众志美术出版社 2002 年版。

［30］安徽省文物局《安徽省出土玉器精粹》,（台湾）众志美术出版社 2004 年版。

［31］夏鼐《有关安阳殷墟玉器的几个问题》,《殷墟玉器》, 文物出版社 1982 年版。

［32］安志敏《牙璧试析》,《东亚玉器》Ⅰ,（香港）中国考古艺术研究中心 1998 年版。

［33］刘庆柱《唐代玉器的考古发现与研究》,《东亚玉器》Ⅱ,（香港）中国考古艺术研究中心 1998 年版。

［34］李学勤《〈周礼〉玉器与先秦礼玉的源流》,《东亚玉器》Ⅰ,（香港）中国考古艺术研究中心 1998 年版。

［35］饶宗颐《中国"玉"文化研究的二三问题》,《东亚玉器》Ⅰ,（香港）中国考古艺术研究中心 1998 年版。

［36］王宇信《卜辞所见殷人宝玉、用玉及几点启示》,《东亚玉器》Ⅰ,（香港）

中国考古艺术研究中心 1998 年版。

[37] 张永山《金文中的礼玉》,《东亚玉器》Ⅰ,(香港)中国考古艺术研究中心 1998 年版。

[38] 孙庆伟《〈考工记·玉人〉的考古学研究》,《考古学研究》(四),科学出版社 2000 年版。

[39] 董荣鑫《崧泽遗址出土石器、玉器的岩石类型及来源》,《崧泽》第 121 ~ 124 页,文物出版社 1987 年版。

[40] 闻广《苏南新石器时代玉器的考古地质学研究》,《文物》1986 年第 10 期。

[41] 严文明《良渚遗址的历史地位》,《浙江学刊》1996 年第 5 期。

[42] 安志敏《良渚文化与文明起源》,《浙江学刊》1996 年第 5 期。

[43] 同 [1]。

[44] 张光直《谈"琮"及其在中国古史上的意义》,《文物与考古论集——文物出版社成立三十周年纪念》第 252 ~ 260 页,文物出版社 1986 年版。

[45] 张光直答学者高有德等问《玉器里的文化》,《当代》第 17 期,1987 年。

[46] 叶辉等《牟永抗吴汝祚等人经过大量考古发掘证明中国在石器与青铜时代之间有一个玉器时代》,《光明日报》1990 年 7 月 4 日;牟永抗等《试谈玉器时代》,《中国文物报》1990 年 11 月 1 日。

[47] 张明华《"玉器时代"之我见》,《中国文物报》1991 年 10 月 27 日;《学术讨论要符合逻辑理顺概念》,《中国文物报》2000 年 7 月 12 日。

[48] [日] 林巳奈夫《中国古玉研究》,(台湾)艺术图书公司 1997 年版。

[49] 邓淑苹《新石器时代玉器图录》,(台湾)故宫博物院 1992 年版。

[50] 俞美霞《战国玉器研究》,(台湾)南天书局 1995 年版。

[51] 桑行之等《说玉》,上海科技教育出版社 1993 年版。

[52] 中国玉器全集编辑委员会《中国玉器全集》(1 ~ 6 册),河北人民美术出版社 1993 年版。

[53] 故宫博物院编《故宫藏玉》,紫禁城出版社 1996 年版。

[54] 山西省博物馆编《山西省博物馆藏文物精华》,山西人民出版社 1999 年版。

[55] 辽宁省文物考古研究所编《牛河梁红山文化遗址与玉器精粹》,文物出版社 1997 年版。

[56] 广州西汉南越王墓博物馆等《南越王墓玉器》,文物出版社等 1991 年版。

[57] 姚德勤等《吴王室玉器》,上海人民美术出版社 1996 年版。

[58] 中国文物精华编辑委员会编《中国文物精华》(1990、1992、1993、1997 年),文物出版社 1990、1992、1993、1997 年版。

二 中国古代玉器的重要发现

（一）新石器时代玉器

提起"新石器时代"，在人们的印象中，一般都有原始落后的感觉，若将其与精致、温润、稀贵、神秘的"美玉"相联系，似乎不可思议。然而事实证明，我国新石器时代特别是晚期的玉器，分布范围之广、发现数量之大及其呈现的高超水平和赋予精神领域的重大影响，都是令人惊讶的。这与我们的祖先在跨入文明之际巫术盛行、礼仪渐成制度是分不开的。

中国新石器时代早期的玉器包括距今七八千年的辽宁阜新查海遗址的玉匕、玦[1]，内蒙古兴隆洼遗址的玉玦[2]，浙江河姆渡遗址的玉管、璜[3]，陕西龙岗寺遗址、阮家坝遗址的玉珠、玉饰等[4]。但此期玉器大多属于装饰性小件，也包括个别生产工具。至新石器时代晚期，出现了大量的法器、礼器，包括含有辟邪等神秘功能的装饰品。红山文化、良渚文化、石家河文化等各个文化区域的玉器种类繁多、异彩纷呈，形成了中国历史上的第一个用玉高峰。

20世纪的考古发现证明，中国新石器时代的玉器主要分布在长江流域、黄河流域和东北地区。

1. 长江流域

长江下游的江、浙、沪、皖地区，大致可分为两大块：太湖流域和宁绍平原地区。其中发现玉器的重要文化遗存包括距今六七千年的河姆渡文化、马家浜文化和距今五千多年的崧泽文化及距今四千年左右的良渚文化。

河姆渡文化和马家浜文化是这一地区早期的古文化遗存。其中出土的玉器也是中国南方早期玉器的典型，包括素面无纹的玉璜、管、坠之类。它们多为莹石，少见严格定义上的真玉，而马家浜文化则多见玉髓。

河姆渡文化玉器，1973～1974 年出土于浙江余姚县河姆渡遗址，共有玉玦、管、珠、璜十七件。据碳十四测定并经树轮校正为距今 6725±140 年，另一数据为距今 6960±100 年[5]。

马家浜文化玉器，在浙江余姚县河姆渡、嘉兴县马家浜和江苏常州圩墩、吴县草鞋山及上海崧泽等遗址多有发现，但大多属于该文化中晚期的玉玦之类。早期玉器则以 20 世纪 70 年代末期浙江桐乡罗家角遗址下层出土的玉管、坠为典型。同层两个标本用碳十四测定并经树轮校正为距今 6905±155 年、7000±150 年[6]。

崧泽文化玉器，以 1962 年以来在上海青浦崧泽遗址多次发掘时出土的玉器为代表，有玉璜、璧、琀、镯等[7]。玉器均为扁薄形，造型比马家浜文化明显增多，仅璜就有桥形、扁条形、半璧形、半环形、动物形等多种形状。而且玉器出土的位置明确地反映了它们的功能，手部为镯，颈上为璜，口中为琀。玉琀的意义重大，它是中国用玉历史上出现的第一种专门用于意识形态的玉器，为后继的良渚文化玉器广泛使用于意识形态领域开创了先河。玉器质地较好，大多为真玉。经地质专家检测与田野踏勘证明，出土的玉器均为就地取材。一些玉器的局部留有石质，很客观地反映了其生存的状态。崧泽遗址出土的这些玉器成为崧泽文化的典型器。良渚文化直接由崧泽文化发展而来，中间几无缺环。因此，崧泽玉器又成为研究良渚玉器的重要前源资料。

良渚文化是与马家浜、崧泽文化一脉相承的新石器时代晚期文化，距今四五千年。该文化玉器发现于 1930 年，过去一直被认为是周汉时期的文物。直至 1972 年江苏吴县草鞋山遗址玉器的出土，才使得人们对其所属时代有了更为清楚的认识。20 世纪 80 年代太湖地区大量同类玉器的出土，引发了相关的研究热潮。良渚文化玉器都规律性地出自高土坛上的大墓之中，每墓普遍有几十、几百件。良渚文化晚期，这一文化的象征物——玉琮、玉璧等同样也出现在江西、广东、陕西、山西等地。不少学者将此作为该文化晚期消亡去向的证据。

良渚文化玉器是中国新石器时代晚期琢玉工艺最高水平的代表之一。其形制复杂，有琮、璧、戚、钺、管、镯、珮（图一）、璜、珠、环、玲、项链、带钩、梳脊、柄形器、锥

图一　江苏昆山赵陵山遗址出土
新石器时代人兽形玉珮

形器、柱形器、山字形器及鱼、鸟、龟、蝉、猪等动物形器，一改以往单调的薄片形式。一些玉器上还刻画有纤若发丝、密过蛛网的阴线，并采用了镂雕隐起、光若镜面的琢磨抛光技术，这在至今未曾发现同期金属工具的情况下，确实令世人惊叹。

良渚文化玉器的用途在意识形态领域里有了极大的发展，几乎每件玉器都蕴含着神秘的功能。如由冒、镦组合的豪华型玉戚，应该是权杖；琮、璧，显然是法器；即使如琮形镯、梳脊之类的装饰品，都因琢有人兽纹而具有了某种巫术的作用。

良渚文化玉器的分布范围较前多有拓展，江苏新沂花厅、常州武进寺墩、吴县草鞋山，上海福泉山，浙江余杭反山、瑶山等遗址中均有发现。

1989 年，地处苏北与山东交界的新沂花厅遗址出土玉镯、琮、璧、锥形器、项链等大量玉器[8]。其中晚期呈现出强烈的良渚风格，为学术界研究良渚文化的影响范围及与北缘古文化的交流、融合情况提供了实物资料。

1978 年，海安青墩遗址出土良渚型玉环、镯、璜、锥形器等。其中一件双连玉环，与辽宁牛河梁遗址出土的红山文化玉双联璧的形制如出一辙[9]，这是否喻示着红山文化南扩的重要信息，尚待学界的进一步研究。

20 世纪 70 年代末，在常州武进寺墩遗址出土的一件玉璧上发现了可能用于琢磨玉器的中介砂。这些砂粒经矿物学鉴定，硬度超过玉石，现常被学界作为良渚琢玉技术研究的参考物证。1982 年发掘的 3 号墓中，一百零六件玉器环绕、铺垫、覆盖在人骨架上、下、周围，且其中的十三件有明显的被火烧过的痕迹，这为中国古代神秘的"玉敛葬"一说提供了重要的资料[10]。车广锦还依据遗址的布局，得出了"寺墩古国（遗址）是依照玉琮的形制来设计这座城的，寺墩遗址本身就是一个大琮"的结论[11]。

1973 年 6 月 26 日，在吴县草鞋山遗址 198 号墓中首次发现了泥质黑衣贯耳陶壶、T 字足夹沙陶鼎等一批典型的良渚文化陶器。它们与过去一直被人们认为是汉周文物的玉琮、璧等器物一起出土，从此还原了良渚玉琮、璧等古玉古老而绚丽的本来面目[12]。

1982～1987 年，上海青浦福泉山遗址经多次发掘，出土琮、璧、戚、钺、斧、镯、珮、璜、冒、镦、珠、环、珨、项链、带钩、冠形器、柄形器、锥形器等大量玉器[13]。在发掘过程中，第一次得以确认良渚大墓土墩系由人工堆筑而成，并被誉为"中国土筑金字塔"。墓中所出的湖绿色透光玉戚，玻璃光琮形镯，繁密式人兽、小鸟纹琮形镯等，其质地之优、刻纹之精、琢磨之细腻、形制之规整，堪称良渚玉器中的珍品。

1930 年，浙江余杭县良渚遗址出土良渚文化玉璧二件[14]。这是我国最早出土的良渚玉器之一。

1986 年，反山遗址清理到良渚大墓十一座。在一千二百余件（组）随葬品中，玉器占了近百分之九十。如此高的规格，被人们称为良渚"王陵"。就玉器而言，有工艺精湛、造型丰富的良渚文化玉琮、璧、钺、冠形器、山字形器及玉鸟、龟、鱼、蝉等一千一百件（组）[15]。其中繁密人、兽、鸟复合纹大玉琮更是一件惊世骇俗、空前绝后的"国之瑰宝"。琮呈扁方体，高 8.8 厘米，重达 6500 克。四角中脊线展开两层八组简化人兽纹、十六组小鸟纹，每面中间直槽上还有八个繁密

图二　浙江余杭反山遗址出土新石器时代玉琮

纹，用细过发丝的阴线填刻而成，而羽冠人首及胸部的巨眼、阔鼻、大嘴的兽面则隐起微凸。这引起了学术界的极大兴趣与广泛探索。上面是人？是巫？是神？下面是虎？是猪？是鸟？总体是巫师御虎蹄？还是鸟爪神人像？至今仍未统一（图二）。由于随葬品特别丰富，更见饰有冒、镦组合的豪华型玉戚，可知墓主身份显赫。鉴于良渚文化正值文明起源阶段，探明它的意义就尤显重要。可以毫不夸张地说，这件"琮王"应该是开启中国文明起源的一把钥匙。

　　1987 年，瑶山遗址出土良渚文化玉器六百三十五件（组）[16]，但其中并没有发现玉璧。因此，不少学者对传统的"苍璧礼天，黄琮礼地"一说提出质疑，认为良渚的玉琮、璧不一定是玉礼器，而璧可能是良渚先民财富的象征，有的干脆推断它是中国货币的始祖[17]。

　　遂昌县好川遗址是良渚文化偏晚阶段的遗存[18]，联系到良渚文化突然消亡的客观事实，这里是否是良渚人南下江西、广东的一个通道？出土的玉器中有十二件堞形玉饰片形制独特，与良渚玉璧刻纹中的堞形构图一致。

　　长江下游的江淮地区，主要是指太湖以西的安徽和苏北一带。这一地区发现玉器的古文化遗存包括北阴阳营文化、薛家岗文化及其他类型。

　　北阴阳营文化与崧泽文化时代、风格多有相似之处。其玉器主要有璜、管、玦、环、坠、泡等[19]。经统计发现，墓葬中的玉器占随葬品的三分之一。当时人们盛行以璜为佩饰和玦为耳饰的习俗[20]，但它们的质地以玛瑙为主。

　　江苏南京浦口区营盘山遗址与北阴阳营遗址隔江相望。与后者相比，其所出玉器中的扁条形璜明显减少，半璧形璜增多且外缘锯齿形花边与长江中游的大溪文化风格接近[21]。这是顺流而下的影响，还是本地文化的原创，尚需结合其他文化因素作进一步的考量。

　　薛家岗文化玉器出土于安徽潜山县薛家岗遗址，有玉璜、铲、环、管、琮等。据碳十四测定并经树轮校正为距今 5170 ± 125 年[22]。其中一件外方内圆的琮形器特别引人注目。中国的玉琮自良渚文化骤然出现并大量使用一直绵延了数千年，可见它是一种极具影响力的器物。然而，至今仍未找到令人信服的良渚玉琮的可靠前源祖形。薛家岗玉琮虽然形制上小了些，但造型上与良渚玉琮已十分接近，而且时间上又略早于后者，因此它是一件极有参考价值的玉器。

　　20 世纪 80 年代，安徽含山县凌家滩遗址出土玉璧、玦、环、璜、虎形饰、玉人、管、斧、勺、笄、龟及三角、椭圆、鸟头、三孔形玉饰等一批玉器[23]。1998 年第三次发掘，增见了玉鹰、龙、双虎璜及玉器加工管钻的余料玉芯等，共计六百多件[24]。2000 年第四次发掘，有"一副翠制玉璜，呈翠绿色，半透明，内有两道深色绿筋"[25]。经中国科学院考古研究所热释光测定，此层二件陶器标本分别距今 4500 ± 500 年和 4600 ± 400 年[26]。其中玉人的造型十分独特：长方脸，头戴方格纹玉冠，冠中间凸一尖顶。从玉人戴冠、双手抚胸、一脸虔诚的神态及下肢短弯的形状来观察，其造型更像是巫师正在进入与天地沟通的境界。凌家滩玉人在形象上可能是商代晚期殷墟妇好墓阴阳玉立人的前源。一件八星纹长方形玉片，出土时被夹在一件玉龟的腹内，上面刻有两个同心圆，大圆外玉片四角各有一个圭形箭头，内外圆之间八等分，各有一个箭头。关于该纹样的性质，已有不少专家进行了研究，并提出占卜、神像、律历、八卦、天地、数理、式盘等不同说法。一件展翅玉鹰，双翅琢成熊形。有学者因"鹰熊"与"英雄"谐音而将其与后者一词的起源联系起来。玉龙的外轮廓与红山文化猪首龙相近，但其形制轻薄，且一对龙角酷似当地的水牛角。

　　凌家滩遗址所出玉器的奇特造型引起了人们的注意。田明利通过研究认为，"凌家滩墓地玉器的用玉习俗、种类形制、组合功能、制作工艺等方面，继承了江淮区域内宁镇地区北阴阳营文化的传统，并受到黄河中下游地区大汶口文化、仰韶文化，东北地区的红山文化以及长江下游同时期文化的影响渗透，在此基础上相互融合，取长补短，推陈出新"[27]。

　　长江中游的鄂、湘、赣、川等地，自然环境复杂，因此，各个古文化遗存的面貌差别很大。其中发现玉器的有距今六千五百至五千三百年的大溪文化、距今五千三百至四千六百年的屈家岭文化及距今四千六百至三千八百年的石家河文化和龙山文化。相对而言，以石家河文化的玉器最具特色。

大溪文化玉器有玉璜、璧、玦、镯、双环饰和梯形、圆形、方形坠饰。璜多半璧形和桥形，其中半璧形璜外缘的锯齿纹为该文化玉器的主要特征之一。

四川巫山大溪遗址所出诸多玉器中，有一件扁平椭圆形人面纹佩饰十分难得，双眼凹圈形，直鼻梁，顶部双穿孔磨损严重，一孔已经透缺[28]。

屈家岭文化玉器资料较少，其中湖南澧县三元宫村出土的扁平梯形斜刃小玉锛，颇有代表性[29]。

石家河文化玉器基本可分为三大类：第一，人面和动物形象。人面有神秘型、写实型和抽象型；动物有虎、蝉、鹰、凤、龙和鹿。第二，饰物。有璜、管、笄、饼、坠、锥形器等。第三，工具。有纺轮和锛。其中人面可能是先民崇拜的偶像或神灵，动物则是巫觋沟通天地、人神关系的媒介和工具[30]。

1991年，湖南澧县孙家岗遗址出土玉璧、璜、珮、笄、坠、纺轮、玉祖（？）、管及圭形、方形饰片等[31]。其中的繁角形玉龙珮，躯体为鳄鱼形，昭示了江湖水网地带龙的祖型；其腹下隐现的趾足，为中国早期玉龙中的首见（图三）。凤形玉珮以侧面的造型生动地展现了一只弯颈高冠、卷尾振翅的玉凤。龙凤这两种虚幻的仙界动物同出于一墓，似乎反映了中华民族"龙凤呈祥"的传统在这一地区已初露端倪[32]。两件玉珮上至今仍能见到琢玉前设计的样稿线，这表明石家河先民已掌握了先进的琢玉工艺。

图三 湖南澧县孙家岗遗址出土新石器时代繁角形玉龙珮

1955 年，湖北天门罗家柏岭遗址出土玉人头、蝉、璧、龙形环、凤鸟环、兽璜等[33]。在天门市石河镇肖家屋脊遗址的瓮棺中发现玉人头像、C 字形玉龙等[34]。钟祥县六合遗址出土玉人面像、蝉、璜、玦、管、笄、锥形器、坠、纺轮等[35]。

湖北的玉器以细刻浅浮雕的人面像、兽面像、蝉、鸟为特色，其中尤以十几件人面像影响最大。因为近似的人面像传世品在海内外都有报道，所以在其文化的归属、判定上问题不少。现在科学的出土资料得以发表，为学术界提供了一些面目清晰的标准器。

2. 黄河流域

黄河流域玉器的出土资料虽然不多，但有些发现在中国新石器时代的玉器史上也有着特殊的意义。如陕西南邻龙岗寺遗址和汉阴阮家坝遗址出土的距今八千至七千年、被称为"前仰韶"时期的老官台文化玉珠和玉饰，为我们提供了中国西部新石器时代最早期玉器的珍贵标本[36]。

黄河下游的鲁南、鲁西、皖北和苏北一带，是大汶口文化的分布区。该文化距今六千三百至四千年。其早期玉器发现较少，中晚期的数量大为增加。礼仪用玉有钺，典型器如山东大汶口遗址出土的二件（原报告称铲）和江苏邳县大墩子遗址出土的一件（原报告称斧）。另如山东胶县三里河的玉镞形器，均磨制光润，无使用痕迹，功能应属礼器[37]。装饰用玉主要为管、笄、臂环、镯及指环等[38]。安徽萧县金寨遗址一件直背弧刃、长条形大握孔玉刀，琢磨精美，刃口锋利且有崩口痕。其功能尚待确定（图四）。

黄河中下游的鲁、晋、豫、冀、陕等地，是龙山文化的主要分布区。该文化距今四千至三千五百年。虽然山东与山西、陕西、河南的龙山文化不属于同一文化系统，更与太湖地区的良渚文化相隔遥远。但是陕西延安芦山峁遗址出土的琮形玉器[39]和神木县石峁遗址出土的戚、钺、人头像（图五）[40]，特别是其中在山东龙山文化中常见的玉璧（璇玑），都与良渚

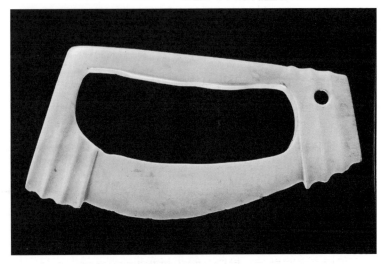

图四　安徽萧县金寨遗址出土新石器时代玉刀

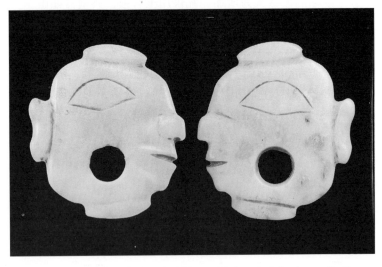

图五　陕西神木石峁遗址出土新石器时代玉人头像（正、背面）

文化玉器有着千丝万缕的联系。邓淑苹通过研究发现，延安芦山峁出土的"特殊的玉琮，它的玉质、造型属中原龙山或齐家文化；花纹结构像良渚文化，但又不完全一样；细弦纹的雕琢技法，又像山东龙山文化，正是结合了华夏、苗蛮、东夷三大族系的特色于一体"。这也许就是与社会大变迁密切相关的东夷玉器的重要特点[41]。

1963 年，山东日照县两城镇遗址出土龙山文化玉材原料半成品和玉斧、璧、凿、刀、锛、簪、版等[42]。其中一件玉锛上所饰的面纹，以旋转形眼和头上的特殊装饰为特征，形象狰狞。它或为古代鬼神的脸谱，或为被美化了的变形兽面纹，在美术史上亦占有相当重要的地位。因为两面单线阴刻纹样的出土实物仅此一件，所以该玉锛引起了考古界的广泛重视。

20 世纪 80 年代初，山东海阳县龙山文化司马台遗址出土玉钺（璋?）、牙璧二件（套）[43]。其中一套牙璧值得重视，由一吐唇玉镯和牙璧套叠而成。牙璧孔套在玉镯上可旋转，有人认为这是一套天文仪器。

龙山文化陶寺类型的山西襄汾县陶寺遗址出土距今四千年的玉钺、圭、璧、琮（图六）、瑷、笄、梳等九十七件[44]。其中扁矮型玉琮与良渚文化玉琮形器接近，是我国迄今发现的最北部的琮形器出土资料之一。高炜认为，陶寺"有内玉钺应是商周青铜钺的前身；有的璧外缘磨成对称的直边，似可看成戚璧的前身；光素的单节玉琮同商周玉琮较为接近，其间似有直接的传承关系；镶嵌组合头饰开中国古代步摇之先河；可确认的史前尖首圭及齿璧的出现等等"。而璧套于手上，反映了"陶寺玉器所蕴含的宗教意义已相对淡薄，而重在权利和财富等世俗观念的体现"[45]。

图六　山西襄汾陶寺遗址出土新石器时代玉琮

　　黄河上游玉器有仰韶文化的锛、凿、笄、坠、镯和马家窑文化的零星工具等。而齐家文化玉器的内容比较丰富，可分为工具、礼器和装饰品三大类，有斧、铲、锛、凿、刀、纺轮及琮、璧、瑗、环、璜、镯、佩饰等。其分布范围包括河西走廊、湟水沿线、甘肃中部定西——临夏一带、渭水上游、六盘山周围及泾水上游等[46]。

　　1978、1979 年，甘肃秦安县大地湾遗址出土了玉环、坠、琮、璧等[47]。黄宣佩认为，这些玉器为海内外的一批齐家文化型玉器找到了对照物[48]。

　　1984 年，宁夏西吉县白崖乡出土的玉琮为黄土色，一面阴刻有展翅侧身的凤凰[49]。

3. 东北地区

　　东北地区包括黑、吉、辽和内蒙北部。1908 年，日本人类学家鸟居龙藏在内蒙古东南部林西县和赤峰县英金河畔发现过红山文化遗存。1919 年起，法国学者桑志华和德日进也在内蒙古东南部发现多处新石器时代遗址[50]。1951 年，吕遵谔亲率考古队对红山遗址进行了发掘，并首次使用了"红山文化"的命名[51]。但关于该地区新石器时代玉器的面目却始终很模糊。直到 20 世纪 70 年代内蒙古翁牛特旗三星他拉大型玉龙的发现，才逐渐揭开了红山文化玉器神秘的面纱。1984 年在辽西牛河梁遗址直接发掘出土的玉猪龙和马蹄形箍，终于让这一地区最具代表性的"红山文化玉器"一锤定音。之后，一系列红山文化玉器大量出土。红山文化牛河梁地区规模巨大、结构复杂且有规律的埋葬玉器的积石冢的发现[52]，使红山文化，特别是其中的兽面纹玉牌、兽面纹勾云形器（图七）、玉人、玉凤、人首三孔玉梳脊等红山文化玉器声名远播。目前研究表明，红山文化典型阶段距今六千至五千年。

图七　辽宁朝阳牛河梁遗址出土新石器时代兽面纹勾云形器

图八　内蒙古翁牛特旗三星他拉玉龙

　　内蒙古三星他拉玉龙在红山文化玉器中尤为著名，过去曾被识为玉猪龙。但其凸吻上翘，梭形目，长鬣飘举，卷尾有力，却活现出一匹扬蹄飞奔在内蒙古大草原上的黑骏马的形象（图八）[53]。建平县白玉龙，过去亦称猪龙。器形厚重，头部

图九 辽宁建平白玉龙

肥大，圆睛，口有獠牙，现由辽宁学者改称熊首龙（图九)[54]。这两件玉龙，不但体态结构明确，而且又分别与具有影响力的地域特征动物——马、熊相吻合，昭示了龙的不同祖形。

此外，辽宁阜新胡头沟遗址出土的玉勾云形器、三联璧、环、龟、鸮等[55]；凌源县三官甸子城子山遗址出土的玉勾云形器、马蹄形器、钺、环、猪首三孔器等[56]，都是红山文化玉器的重要发现。

红山文化玉器中，出土时置于墓主手中的玉龟，有财富的含义；位于人腹部或头部的玉勾云形器，形大怪诞，背面又有缝缀用的牛鼻孔，用途不明；在脑后或胸前的扁筒箍形器，被认为是臂饰、工具或束发器。另有兽面纹扁薄形玉牌饰[57]、兽面纹长条形玉牌饰、双兽首三孔玉饰等，都是制作精美、造型奇异的非日常生活用品。由于中心大墓随葬玉器的数量相对较多，且个体大、玉质纯正，其功能都有法器或礼器的可能，应是神权与王权的结合体。郭大顺通过研究认为，"这些以中心大墓为首的积石冢，耸立于冈丘之巅又层层叠起，具有'山陵'的景观，充分显示了墓主人'一人独尊'的身份和地位。他们首先是通神的独占者，是宗教主，同时也具有了'王者'身份"[58]。

当然，这一地区还有早于或异于红山文化玉器的重要发现。如上文提到的内蒙古敖汉旗兴隆洼遗址出土的玉玦，距今八千一百五十年至七千三百五十年[59]；辽宁阜新县查海遗址出土的玉玦、匕、斧、管等，距今 7300±150 年[60]。但它们的器形都比较简单，多为玉玦、匕之类。

吉林出土的新石器时代玉器，包括斧、铲、锛、凿、矛、镞等生产工具，珠、管、坠、珮等装饰品及璧、环、璜等礼器。有些生产工具、装饰品出现的年代较早，在距今七千至五千五百年之间。生产工具多有使用痕迹。1985 年，吉林农安县左家山遗址出土一件石猪龙（其质地细洁，广义上称为玉猪龙未尝不可），造型比红山文化典型玉猪龙更加原始，考古人员判断其年代亦早于辽宁红山文化[61]。对此，也有学者提出不同意见，认为时间定的过早。

黑龙江出土的新石器时代玉器，大多距今五千五百至四千年。至于昂昂溪地区细石器文化中的碧玉，玛瑙、蛋白石等制作的镞、尖状器，刀、凿等器物的时代尚需提早。密山县新开流遗址出土的刮削器、尖状器等，据相关碳十四测定并经树轮校正为距今 6080 ± 130 年[62]。

辽东半岛的新石器时代玉器，一般是指距今七千至四千年的小珠山上、中、下三层文化出土的玉器。也许"由于这里的玉材产地比较近，玉材不是很难得到，所以这里的人们并不认为玉是十分珍贵的东西，而是当作优良的石材进行使用，制作成斧、凿等实用的工具"[63]。

东北地区后期的玉器以内蒙古敖汉旗大甸子墓所出为代表。墓葬属夏家店下层文化燕山南北早期青铜时代遗存，距今约三千六百年。出土玉器中有红山文化典型的勾云形器、玉箍形器和石家河文化的玉蝉等[64]，从而使这一地区的新石器时代玉器组成了一个比较完整的系列。

4. 其他地区

在我国广东、新疆等地，还有一些特别的发现。

广东曲江床板岭遗址、石峡遗址、封开县美禄村遗址及海丰县三舵遗址出土石峡文化玉钺、琮、璧、镯等[65]。三舵遗址的玉琮，一件三节，饰简化人兽人面纹；另一件四节，饰简化人兽组合纹，与江苏常州武进寺墩遗址所出玉琮相似，其年代应在新石器时代晚期[66]。

广西隆安县乔建遗址所出玉器，形大体重，棱角分明。特别是一种凸弧刃、折边翘肩大玉铲，更是当地独有的形式，距今 5300 ± 150 年[67]。

新疆是中国玉矿最丰富、玉质最优良的地区。20 世纪初，斯坦因就在罗布卓尔地区发现了"磨制甚精之玉质石斧"和"碧玉制之磨制石斧"。1928 年，黄文弼在库鲁克山南麓的孔雀河北岸也搜集到玉器。20 世纪 80 年代以来，新疆又出土了玉斧、刮削器、柱状器、镞及玉料等[68]。

1977 年，西藏昌都卡诺遗址出土卡诺文化玉斧、刀、璜五件[69]。卡诺文化分布在澜沧江上游一带，距今五千二百五十至四千零五十年。曲贡遗址出土曲贡文化玉锛、凿、镞六件，均有明显的使用痕迹[70]。曲贡文化距今四千至三千五百年。

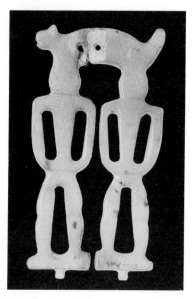

图一〇　台湾台南卑南遗址出土新石器时代人兽纹玉饰

台湾的新石器时代玉器，主要分布在台东海岸和纵谷。迟至距今四千五百年或稍早的泉南文化和圆山文化时才有所发现。据统计，约四十处遗址出土的玉器可分为两大类：有刃玉器，如端刃类锛凿形器、双刃矛镞类和细长条针、钻类；无刃玉器，如玦、环、珠和管、棒形器、铃形珠、不定形坠及穿孔圆片。台东县卑南遗址出土的卑南文化人兽纹玉饰（图一〇）等造型独特，但其用途和涵义颇有争论。据陈仲玉推测，"卑南文化的玉器来源应是河姆渡文化至崧泽文化这一系列发展之中的某个阶段，……其玉器制作技术可能就是他们活动于浙闽海岸间所获得的成果"[71]。

（二）夏商西周玉器

一般认为，夏、商、西周三代是我国玉器工艺美术的滥觞期。而《周礼》等儒家经典概括的玉器的道德化、政治化观念，也始于这一时期。

1. 夏代玉器

夏代玉器内涵的界定，尚属探索阶段。目前，大部分学者倾向于将郑州洛达庙、登封王村、洛阳东干沟和偃师二里头早于郑州商城和偃师商城、晚于河南龙山文化的遗存（即二里头文化）统属于夏文化。因此，夏代玉器一般在这一范围内进行探讨。

夏代玉器有一个十分明显的特点，即其形制、工艺的许多方面都源自于周围的新石器时代文化。这反映了第一个国家形态下的玉器，呈现出一种特有的、对优秀传统兼收并蓄的发展态势。此后，中国玉器的发展一改新石器时代区域性特征明显的面貌。

　　河南偃师二里头遗址二期出土玉镞、铲、凿、柄形器，三期出土铲、琮、璧、戚、钺、镞、纺轮、柄形器、环、管、坠、铲、刀、璋、戈、璧戚、镯、柄形器、板、玉圭（图一一）等。

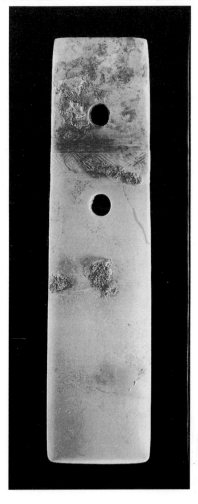

图一一　河南偃师二里头遗址
　　　　出土夏代玉圭

此后又有不少发现。其中管、环、镯等为饰件，琮、璋、刀、戚、戈、圭为礼仪用具。柄形器较多，其前源可能是良渚文化的方锥形器，但用途至今不明。另一种平刃玉圭，扁平狭长方体，尾部穿孔，附近琢云雷纹或神怪面纹，龙首、弦和花瓣纹。圭本属礼器，但这几件的尾端明显有装柄痕迹，究竟圭应有柄，还是称谓有误，颇费思量。

关于夏代玉器，陈志达认为，山西陶寺类型晚期出土的玉琮、钺、环、管和陕西石峁出土的璧、圭、牙璋、戈、钺、戚、刀、璜、牙璧及人、兽、形玉器，就地望及放射性碳素断代来分析，可能是夏代玉器的代表[72]。

2. 商代玉器

商代的物质文化一直以庄严神秘的青铜器著称。然而，20世纪的考古发现证明，此时的玉器同样丰富多彩，在社会中占有重要的地位。

20世纪20、30年代，仅殷墟一处就陆续出土玉器一千二百件以上。但真正引起了人们重视的是1976年殷墟妇好墓发现的玉器，共有玉琮、璧、瑗、环、璜、玦、圭、戈、戚、钺、刀、斧、锛、凿、铲、镰、锯、臼、杵、簋、盘、调色盘、梳、刻刀及玉人、熊、象、龙、虎、马、兔、鹿、牛、凤、雁、鸟、鱼等七百五十五件[73]。

妇好墓出土的玉器是中国商代晚期玉器的典型代表。其题材广，器形多，工艺精，信息量空前丰富。四足伏地的玉牛和玦形玉龙分别与红山文化勾云形器和猪首龙的轮廓酷似，反映了红山文化因素的渗入；弯弧细条形屈膝羽冠玉人与良渚文化赵陵山遗址羽冠玉人的造型，圆雕玉龙的头型与良渚文化瑶山龙首形玉镯上的形式，内圆外方的玉琮、琮形镯与良渚文化琮形器的规格都很相像，反映了良渚文化的重大影响；弧弯形玉凤与石家河文化罗家柏岭遗址团身成环玉凤的工艺风格如出一辙，简直就是石家河文化的直接传入或遗留；羽冠玉立人又与凌家滩文化凌家滩玉立人相似，不能排除两者应有的承袭关系。此外，兽面纹、波形雷纹簋则是中国玉器史上首见的仿青铜玉器。特别值得一提的是，墓中出土的几件跪坐玉人过去大多被认为是地位卑微的奴隶之类的小人物[74]。但联系良渚文化"神徽"的上人下虎组合和三星堆神人跪坐虎形器的青铜造型可知，这些跪坐玉人也同神人一样，可能与同墓出土的玉虎、龙一起组成巫师或首领御虎蹻、龙蹻，并与天地相通的造型。这也直接反映了周围的先进文化对商代玉器发展的影响。

1986 年，四川广汉县三星堆二座晚商祭祀坑发掘出大量品级较高、形制新奇的玉器[75]。其中一号坑出土玉璋、琮、环、戚形璧、凿、珮、锛、瑗、斤等一百二十九件；二号坑出土玉璋、璧、环、瑗、戈、刀、斧、凿、斤、珠、管、盆等一百一十三件。据统计，一号坑的礼器类玉器如璋、琮、环、璧等多达四十八件，仅璋就有四十件，且形式格外丰富；仪仗类玉器如戈、剑有十九件。二号坑的礼器类玉器如璋、璧、环、瑗有二十七件，其中璋有十七件；仪仗类玉器戈有二十一件。上述玉器，特别是玉璋之类，大多被火烧成断裂状，有明显的燎祭迹象。这充分表明了当时巫觋法事的重要与频繁及礼仪制度的繁琐与严密。

三星堆玉器的品种虽然并不算多，但其中的玉璋仍然值得我们关注。一号坑的一件玉璋，黑灰色，通长 38.2 厘米，已被火烧成鸡骨白色。器射的两面，刻着一幅精细的刃饰勾云纹的铲形图案。其顶部则镂雕出一只振翅欲飞的神鸟，使这件玉礼器更具有了与天相通的神秘功能。二号坑的一件玉璋，黑色，通长 54.2 厘米。器外形并不复杂，射端与邸端边线大体平行，两侧由邸向射端逐渐宽出。器表两面刻有山、人、船、璋、太阳及云雷形组合纹，意蕴深远。报告认为，此图可能与《国语·楚语》中"黎抑下地"的传说有关。不过上图中，人站在山上，双手互握行礼状，似与天沟通；下图中，人跪在山上，山侧又有玉璋，似与地沟通。因此，这件玉璋作为礼玉是十分典型的。

1989 年江西新干大洋州商代晚期大墓出土的七百五十四件（颗）玉器[76]，为我们研究南方青铜王国玉器的发展情况提供了新的资料。其中最具代表性的当数神人兽面形饰和侧身羽人佩饰。神人兽面形玉饰，器形扁薄，羽、眼、鼻等用双线凸雕，牙齿则多用单线阴刻，眼形也有晚商勾眦弯梢的强烈特征，但阔嘴獠牙、耳饰玉环的整个造型又与石家河文化玉人头像有明显地继承关系。侧身羽人佩饰，棕褐色，通高 11.5 厘米。羽人作侧身蹲坐状，"臣"字目，粗眉大耳，嘴呈鸟喙状勾弯，头顶部着鸟形高冠，冠尾折弯卷成一圆角方孔，再以掏雕的创新技法琢出三个连套；双臂、拳屈于胸前，双膝弯曲上耸，脚底板有方形短榫，小腿下部有一穿孔，可供插嵌或佩挂；腰背及臀部阴刻鱼鳞纹，两侧各琢一翅膀。据专家推测，这是该地区远古土著先越民族图腾和鸟崇拜的一种遗俗和变异，同时也是殷商玉器融入南方新的文化因素的产物。

1976 年，河南安阳小屯村北 18 号墓出土一件玉戈[77]，初步鉴定为新疆青玉。长 20.5 厘米。援较宽，有中脊和边棱，内短而薄，略收呈肩状，上穿两孔。在援的一面前部上下排列，自右而左用毛笔书写有"在叱执叟叕在入"七字，笔划挺拔有力。据观察，在"在"字之前似为一残字，且前面应该还有字。从内容上看，可能是殷王朝在"沘"与"叓"战争获胜后的记事。

1974年，河南新郑县望京楼遗址出土一件铜内玉援戈，长条三角形，后缘插入铜内里。铜内作磬折形，前后段都有纹饰。这是我国目前存世最早的铜内玉援戈[78]。

3. 西周玉器

据《周礼·考工记》记载，周王室已专设玉作和管理琢制玉器的玉人。因此，西周玉器在工艺和形式上都有了新的发展。

早在20世纪30年代，西周玉器就有较多发现。如河南浚县辛村出土玉匕、戈、璧、马蹄形器、玦、韘、璇玑和玉鹿、蝉、蚕、龙、牛、兔、鸟、鱼等八十件[79]。

20世纪50～90年代河南三门峡上村岭虢国墓地大量玉器的出土，是此期最重要的发现之一。共出玉石器近三千件，绝大部分为新疆和田玉。墓葬中的玉器大多盖满墓主全身。除虢季、虢仲等墓为规格最高的国君墓外，其他均为贵族墓。

在1990年发掘的虢季墓中[80]，墓主头上首次出现了仿五官形状的玉幎目，由玉印堂、眉、耳、鼻、胡须、颊、嘴、下颌及附件饰片共五十八件组成。这是当时西周墓葬发掘中所能见到的结构最完整、形制最规范、工艺最考究的缀玉幎目。墓主颈项直达腹下的七璜珠管组玉珮，为其生前佩戴之物，属礼玉，也是高级贵族的身份标志之一。

1991年发掘的虢仲墓出土七百二十四件（组）精美玉器。如圆度规整、纹饰流畅的抽象变形云龙纹玉璧和饕餮纹玉斧、羊脂白玉钻等。其中最为精美的当属仿生动物玉雕。有神秘莫

图一二 河南三门峡西周虢仲墓出土玉龟

测的玉龙，凶猛咆哮的玉虎，展翅欲飞的玉鹰，活泼可爱的玉兔，俏色圆雕的玉龟（图一二），造型各异的玉鹿、鼠、牛、蛇、羊、猴、蜘蛛、蜻蜓等。

此外，这批出土玉器另有一个特点，就是其中包括了不少前代的发现。如红山文化的圆雕猪龙，商代王室刻有铭文的小臣系玉瑗，"王伯"玉管、玉觽，"小臣妥见"琮及周初、中期的佳作等[81]。让人感受到这些君主贵族对传世古玉的珍爱。

1984、1985年，陕西沣西张家坡等西周墓出土玉璜、柄形器、鱼、兽面、龙凤人物饰等[82]。其中一件玉兽面，乳白色，玉质油润光洁。兽面平顶，两角卷曲，阴线雕出圆目、鼻、口、巨齿，两侧有卷曲的齿棱，耳坠两环。器下端穿两孔，可销钉固定。此件人面形器，应与石家河文化玉人面有源流关系[83]。同时它也为正确认识这类玉器的时代和用途提供了新的线索。

其他如陕西宝鸡茹家庄、竹园沟、纸坊头及弓鱼国墓地[84]等也多有玉器出土，而宝鸡县阳平镇高庙村西周墓出土的玉甲片则甚为罕见[85]。

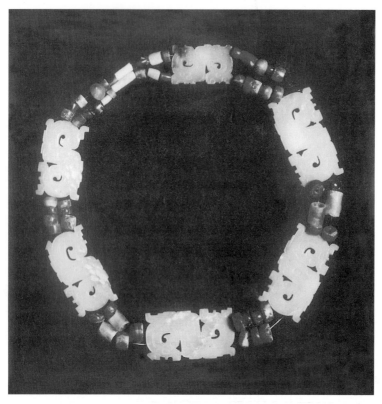

图一三　山西曲沃曲村遗址北西周赵晋侯墓出土珠玉佩饰

　　1979 年，山东济阳刘台子西周墓出土一批玉琮、璧、钺、匕、柄形器、鱼鹰、鹅、蝉、鸟、雀及由十三件白玉龟与红玛瑙、绿松石等组合而成的串饰等[86]。其中一件玉鹰，青黄色，收腿，振翅，回首叼一赭色玉鱼，造型活泼，是我国早期不可多得的俏色玉珍品之一。另外一件双凤扉棱边长方形玉刀，青色，长 13.6 厘米，质地细腻，用弯弧双钩工艺琢出高冠环尾凤纹，布局生动，是西周玉器中罕见的精品。

　　20 世纪 90 年代，山西曲沃县曲村镇北发现的多座西周大墓出土玉覆面、珠玉佩饰（图一三）、戈牌佩饰（图一四）、玉人等[87]。其中一件素面白玉环出自墓主人背部，上刻有一行十二个字："玟王卜曰我𥚃訇人弘代𢼸人"。一件人龙连体形佩饰，一改过去西周玉器相同题材上人多骑龙的竖叠形式，变为人前龙后的牵引造型。一件玉佩饰竟由四十五件玉璜组合而成，繁华美妙，气度非凡。一件小玉罍高仅 6.2 厘米，但却是西周玉器中罕见的容器。二件青玉侧身长尾猴与夔龙的复合器更是令人称奇，其喻意值得探讨。而晋侯邦父夫妇墓中的玉鹰、鸮、牛、熊则可能是商玉遗珍。

　　1992 年，河北邢台南小汪西周墓出土一件三角形玉戈，长23、厚 1.5 厘米。其独特之处在于援末两面镶嵌有相同的铜质兽首。兽首双目圆瞪，眼球凸出，鼻上有孔，双角外卷[88]。

图一四　山西曲沃曲村遗址北西周赵晋侯墓出土戈牌佩饰

（三） 春秋战国玉器

春秋战国是中国历史上一个十分特殊的历史阶段。其诸侯称霸、列国争雄的政治局面带来的却是一场社会格局的大变革。由此，思想文化领域百花齐放，百家争鸣。同样，作为中国历史上独特文化标志的玉器，在这一时期也得到了空前的发展。

陕西关中地区是秦的辖地，所出玉器在纹饰、造型及用途上保留了不少西周的风格，但其中的宫灯形玉珮和工字、马鞍形玉饰等则别有风味，被称为"秦式玉器"[89]。河南、湖北局部属楚地，其玉器以玉具剑及套雕多节组玉带珮等各种装饰品为代表。江苏地区吴国的玉器上，常见优美精细的蟠虺纹和卷云纹。河北中部中山国的墨书文字环、琥、珩和饕餮纹方板及牛角形发髻的玉人等玉器，都具有强烈的地域特色。北京附近燕国的软玉器，有玛瑙六棱环、绿松石珠、镂孔龙形石片等。山东泗河上游、汶水流域鲁国的鎏金嵌玉铜带钩和由璧、管、珑等联缀的组玉珮及圆雕玉马，体现了当时琢玉工艺的先进。浙江地区越国的玉器习用繁密、隐起的卷云纹，典型器物有凸棱馒头形玉镇和勾形器及玉珑、琥、谷纹玉瑗等。上述发现，值得作深入的探讨。

这一时期的礼仪器有玉圭、璧、璋、琥及戈（图一五）、钺、剑、斧、矛等；生活用具有玉玦、环、珮、韘、灯、笄、梳、觽、鎏金嵌玉铜镜架等；葬玉有玉琀、口塞、瞑目、玉握和踏玉等。此外，还包括专门装饰于剑上的玉具剑等。

在琢玉风格上，春秋早期与西周晚期之间很难区别。如河南三门峡上村岭虢国墓地1657号、1662号墓出土的玉龙，其

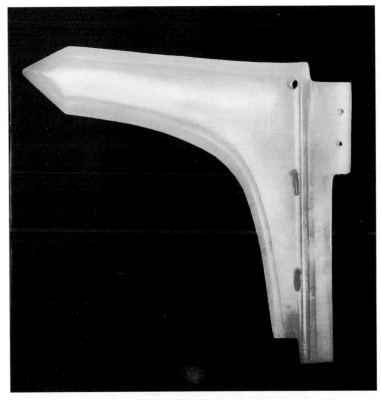

图一五　陕西凤翔秦景公墓出土玉戈

体纹都以西周盛行的疏朗简约、柔长弯弧的线条刻成。春秋中期以后，玉器的轮廓及主纹改用柔和的线条勾勒。如河南淅川下寺一号墓玉牌上的细云纹和蟠虺纹等。这让玉器呈现出一种更加神秘的感觉。至战国中晚期，勾勒器形轮廓或主纹的线条又变得清晰强劲，富有弹性。其中以安徽长丰杨公二号墓玉器最具代表性。几件镂孔龙纹珮上的玉龙，张牙舞爪，充满霸气，为秦汉琢玉工艺的风格奠定了坚实的基础。

1. 春秋玉器

1978 年，河南淅川下寺一号楚国墓出土玉璧、瑗、环、玦、璜、牌、梳、笄等。其中的兽面纹玉牌，上宽下窄，四边有牙脊。器表中偏下有一弯角牛首形兽面，两侧的蟠螭纹系正侧面。全器雕碾精绝，纹饰繁密，是春秋玉器的典范[90]。同地八号墓出土的一件岔足立人，高仅 3.1 厘米，平顶掏空，线眼、抿嘴、大鼻，双耳外凸长大，胸部凸起，双乳，袖手置胸间，跣足，系罕见的春秋人形玉器[91]。

1996～1997 年河南洛阳凯旋路南四十座东周墓出土的玉器中，可复原的缀玉幎目竟达二十五套[92]。光山县宝相寺春秋早期黄君孟夫妇墓出土玉器一百八十五件。其中的玉雕人头饰，高 3.8 厘米，五官清晰，比例正确，头戴平顶垂角形冠帽，双耳穿孔，甚为珍贵；扁薄宽大的玉虎，雕琢精致，形制奇特；玉雕兽头，长仅 2.3 厘米，但瓶形角、"曰"字形眼却体现了它与商代玉龙的亲缘关系[93]。

1996～1998 年，浙江绍兴春秋印山大墓出土玉器三十一件，有玉镇、勾形器、剑、镞等[94]。其中以往少见的玉镇竟达十九件。器八棱形，隆顶，弧腹，中腰以下内收，平底，实心。顶部中心有一扁圆形小钮。除底面外，器身通体阴刻勾连卷云纹。

1972 年，江苏六合程桥东周墓出土玉剑格和剑首。玉剑格为椭圆形，通体琢刻繁密的阴线勾连云纹，出土时尚有青铜剑插入。玉剑首呈扁梯形，两侧面有三道凹槽，通体施隐起状勾云纹，按形制判断系剑鞘端部的玉珌。这是迄今所知出土资料中最早的玉具剑实物[95]。

1986 年，江苏吴县严山春秋吴国窖藏出土器二百零四件，有璧、环、瑗、璜、琮、斧、龙、鸟、觿、镯、珠、管等。除大部分玉器具有典型的春秋风格外，其中的一件扁平凸弧刃玉斧和一件九节形残玉琮及几件扁平素面玉璧，都显示出良渚文化的特点。这对我们研究古人发现、沿用和改制良渚文化等早期玉器的历史具有重要的参考价值。此外，双首鹦鹉拱形饰、双系璜形起脊饰及明显由残玉瑗巧妙改制而成的虎形玉珮，都是春秋玉器中的杰作[96]。

1988年，山西太原南郊春秋晋国赵卿、赵鞅墓出土玉器二百七十四件，有玉璧、瑗、环、璜、琮、璋、圭、玦、龙、玉具剑、韘等。它们都有可靠的出土位置和附着物，是研究春秋晚期晋人用玉制度的科学依据。其中个别未制作完成的玉器（瑗M251:494）上留有清楚的剖切痕和刻画勾云纹的浅刻图稿，为我们了解春秋时期的琢玉工序与手法，提供了难得一见的、具有直观效果的标本。墓中的玉具剑出土时璏都在剑鞘的中上部，这也是明确玉璏与剑鞘实际关系的最早依据[97]。

2. 战国玉器

20世纪30年代初，战国玉器在河南已有发现。50年代，辉县出土战国玉珩、璜、环、瑗、璧、珮、圭、琮、璏、简册等大量玉器[98]。其中固围村第一号战国大墓所出的玉简册，长22厘米左右。可惜册上的文字已全部剥落，但它仍是当时发现的我国最早的玉册[99]。

1957年，河南洛阳小屯村东北战国墓葬出土玉环、璜、珮、兽形饰、八角形器、伏兽玉人等八件。其中二件白玉伏兽玉人，都呈裸体御虎状。由于这一类题材的形似者可上溯至良渚文化反山"琮王"上的"神徽"，因此，它们对中国这一特有的美术母题涵义的认定具有特别重要的意义[100]。

1996 年，河南洛阳木材公司战国墓出土嵌玉铜带钩一件。通体鎏金，面上嵌六块兽面纹玉饰，并用五块楔形玉作间隔，铜勾兽首形，两侧饰对称的夔龙纹，金玉相辉，刚柔相济[101]。东周王城内大墓还首次出土了玉制鼎形器[102]。

1957 年，河南信阳县长台关一号战国墓出土玉璧等三十三件。其中的 S 形云纹龙珮和细刻纹镂孔双首龙珮，玉质晶莹，镂刻精致，是战国玉器中的精品[103]。

1974 年，河北平山县七汲村中山国国王墓——罍墓出土玉器六百八十一件。六座陪葬墓也都有玉器发现。其中仅以龙为造型的玉璧（图一六）、环、钩等就有一百四十四件，形制各异，可分为四十五式。这为我们认识了解战国玉龙艺术及研究中国龙文化提供了极其丰富和宝贵的实物资料。另外，值得一提的是，在出土的玉器中，至少有二十二件上留有墨书文字。这一方面反映了战国时期中山国书法艺术发展的水平，另一方面也可能为我们提供了一些玉器在当时的定名，甚或用

图一六　河北平山战国中山国国王墓出土玉璧

途。如一件龙形珮上有"玉虎"二字；几件中脊带穿孔的龙形珮上有"它玉珩"三字；一件玉环上有"文有（友）"二字，似与《论语·颜渊》中"君子以文会友，以友辅仁"有关等等[104]。

1988 年，湖北观音垱天星观一号楚墓出土玉璧、俑等二十二件。玉俑的造型极为罕见，箭镞形，头顶圭尖，有的面部刻出嘴、鼻、眼，颈下急收，左右有两处凸出。全器与秦代玉翁仲形体近似，可考虑是其祖形[105]。

1982 年，湖北马山楚墓出土一件谷纹小玉管，系挂于墓主腰下的位置上，呈现出死者生前使用时的原始状况[106]。1997 年发掘的马山镇秦家山二号大墓的玉器，仅剩玉覆面、璜、珮、笄等六件。然而，值得庆幸的是，一件用整片玉料雕琢刻画而成的玉覆面得以完整保存。其轮廓、五官与真人相仿，眼、鼻、嘴部镂空，发、须、眉均用工整清晰的线条勾勒（图一七）[107]。

1977 年，战国早期考古最重大收获之一的湖北随县擂鼓墩曾侯乙墓出土玉璧、环、璜、琮、镯、剑、管、珮、韘、握、梳、刚卯、带钩及玉人等五百余件[108]。其中的龙凤玉挂饰，青白色，出自墓主下颌，并作卷折状放置。器呈长带形，顶端龙首，共分十六节。各节均施两面雕刻或阴刻成龙、凤、璧、环形。全器共透雕或阴刻出三十七条龙、七只凤和十条蛇。它们千姿百态，栩栩如生，并互相对称。在第十四节和十五节上，还出现了凤爪抓蛇的画面。此器由五块玉料分雕而成，然后用三个素面的椭圆形活环及一根玉销钉串在一起。通长48、宽8.3、厚0.5厘米。该器虽由多块硬质的玉石连接而成，但由于设计合理，工艺精良，可以卷折自如，是中国古代

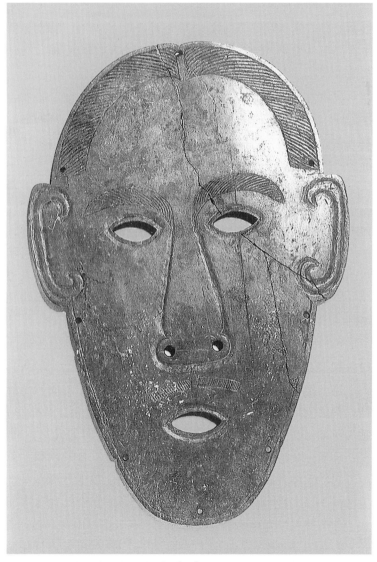

图一七 湖北荆山马山战国二号墓出土玉覆面

玉雕中不可多得的精绝之物（图一八）。玉剑，同为青白色，出自墓主腰腹间。全器分为首、茎、格、鞘、珌五节，各节用金属扣固定。剑首透雕成双龙形，两面阴刻出龙眼、鳞甲、爪等。通长33.6、宽5.1厘米、中厚0.5厘米。据其贵重的材质和出土的位置判断，它无疑是一件象征墓主地位和权力的仪仗。

1981年，浙江绍兴狮子山306号战国墓出土玉器四十九件，有玉龙、虎、璜、环、鸟、兽面、鎏金嵌玉扣饰等。玉器普遍采用隐起工艺和繁密的小朵勾云纹，强烈地呈现出春秋玉器的风格。其中一件玉耳金舟，虽未归入玉器，但奇特的造型极似一件深腹的金耳杯，两只卷云纹圆环被巧妙地铆接于器口两侧，金玉相辉，典雅珍贵[109]。

1983年，上海青浦县福泉山遗址战国墓出土玉璧二件[110]。其中一件双尾龙纹大玉璧，出土时垂直插于偏右侧向的头后。这种质优工精的大玉璧，过去仅见于王家贵族的大墓之中，此次出于一座小墓，值得深入探讨。

1977年，安徽长丰县杨公乡战国墓出土玉璧、璜、龙、管、珮、觿（图一九）、环、圭等七十九件。其中的青玉双首龙璜，长17.5厘米，扁薄弯弧形，龙身平整，谷纹立体感强烈，龙首五官、齿须勾勒纤细清晰，面部肌理以极其精准的隐起状浅浮雕表示，富有生命力，是战国玉工的代表作（图二〇）。青玉镂空龙凤纹玉珮，飞龙张牙舞爪，雏凤玲珑剔透，线条优美，琢磨细巧，同为战国玉器中的珍品，可惜双龙一首已经残缺[111]。

1977、1978年，山东曲阜鲁国大墓出土战国玉马、带钩、璧、龙、博具、扳指、环、玦、璜、组珮、管、鎏金嵌玉铜带钩等。其中的玉制方筹博具，形制并不复杂，但却是稀见之物。

图一八　湖北随县战国曾侯乙墓出土玉带

图一九　安徽长丰战国墓出土玉觹

图二〇　安徽长丰战国墓出土青玉双首龙璜

图二一　山东曲阜鲁国墓出土玉马

一件长仅4.8厘米的玉马，玉色浅青，局部有红色斑浸，足下有长方形底座，作昂首站立状。其刻工简练，造型敦厚饱满，是迄今所知最早的立雕玉马（图二一）。另一件山字形龙虎纹玉带钩，长8.3、宽6.8厘米。器形宽大工整，双尾龙纹居下，虎形居上。其构思奇巧诡谲，刀法收放自如，造型独一无二[112]。

　　1999年，山西曲沃望绛村三十八座战国早期墓葬出土玉环、璧、龙、覆面等。其中缀玉覆面达八副之多，琢磨精细，五官形象逼真，造型朴素明了[113]。

（四）秦汉玉器

1. 秦代玉器

　　历史文献中关于秦代玉器的记载很多。如《史记·秦始皇本纪》的《集解》引卫宏所谓"天子独以印称玺，又独以玉，群臣莫敢用"说明，秦始皇以玉为玺，且定为天子所独用。《史记·货殖列传》载"秦之败也，豪杰皆争金玉"，反映了秦王室贵族曾拥有大量的玉器。而《西京杂记》中则直接记载了汉高祖刘邦"初入咸阳宫，周行库府，金玉珍宝不可称言"。但由于秦朝只存在了十五年，所以秦代玉器的出土资料相当稀少。其主要分布在陕西、湖南、河南、河北等省，种类包括圭、璋、璧、璜、觿、环、瑗、玦、杯、带钩、玉具剑及虎、鸟、鱼、蝉等，风格大多与战国玉器接近。

陕西出土的秦代玉器相对比较丰富。

1971年，西安北郊联志村秦代窖藏出土玉圭、璋、璜、觿、人、虎等。其中二件玉人虽然扁平简朴，线刻也相当简单，但通过发髻的形状已能区分出男女。男性玉人不但如秦兵马陶俑一般，发髻耸起于头顶一侧，而且还留有"个"字形的胡须。玉虎亦为片状，以阴刻勾勒头部及四肢[114]。但总体上感觉，这些玉器几乎都是刚刚经由玉工勾勒起稿，并未作深加工的半成品。是发生突然事件，还是作为儒家祭祀用玉而特殊对待，尚待今后相关资料的进一步发现。

1976年，西安东张村秦阿房宫遗址出土玉杯一件[115]。局部赤褐色，直口，深腹，高圈足呈喇叭形。外壁分四层纹饰，大部分为谷纹和勾连云纹，近足处为花瓣纹，圈足上为五组交叉的S形纹。全器雕琢精细，构图严密，极有特色，是秦代玉器的典型代表（图二二）。

山东的秦代玉器未见可靠的墓葬资料报道。

1975年，烟台市芝罘岛西汉土坑出土玉璧、觿、圭等八件。值得重视的是，二件谷纹玉璧时代特征稍早，而且摆置形

图二二　陕西西安秦阿房宫遗址出土玉杯

式特别。圭放在璧孔中央，圭端东北向，直指芝罘岛"老爷山"，二觯在璧两侧。结合《史记·秦始皇本纪》所记秦始皇三次东巡芝罘，用牲牢圭币祭祀的事实来推测，这批青玉器可能是秦始皇遗留下来的[116]。

2. 汉代玉器

汉代玉器的发展大大超过了前朝，种类繁多，工艺精美。如肌肉强劲、一身霸气的玉龙，用几千玉片依人形编就的金、银、铜、丝缕玉衣，造型独特、纹饰繁华的出廓玉璧，长袖飘拂、且歌且舞的玉女等等。但到了东汉末年，前期盛极一时的礼仪用玉和丧葬用玉开始大量减少。而且由于边疆不稳定，西来的玉路受到一定的阻滞，使得此时的玉器变得形制偏小，工艺简单。同时玉刚卯、司南珮等用途诡谲的器物应运而生。

汉代玉器除使用龙纹、鸟纹、蟠螭纹、兽面纹之外，还在玉璧等器物上盛行一些由谷纹、蒲纹、云纹、乳丁纹等纹饰单元组成的几何形图案。

汉代玉器大致分为礼玉、装饰品、葬玉三大类。礼玉有珠、璧、璜、琥等，出土资料较少。装饰品有玉具剑、带钩（图二三）、笄、韘、鸡心珮、玉插屏等。葬玉是为死人随葬的玉器，包括大型的玉衣及玉九窍塞、玉琀、玉握和玉幎目等。

陕西出土的汉代玉器相当丰富。

1997年，西安北郊南岭西汉墓出土大玉璧一件[117]。此璧饰内外两圈纹饰，间以绚纹，内圈谷纹，外圈夔凤纹。璧侧刻有"六百六十一"字样。玉璧质地温润，造型古朴，做工精美，直径43.2、孔径11.5、厚1.6厘米，是我国目前发现的最大的一件纹饰玉璧。

图二三　安徽巢湖北山头出土西汉玉带钩

　　1966～1976 年，咸阳新庄汉昭帝平陵东北（后改称汉元
帝渭陵西北的汉代遗址）发现玉俑、马、鹰、熊、狮、辟邪
等[118]。玉俑，仅留头部，高 8.5 厘米。如果按人体比例复
原，全器应为 60 厘米左右。此器由青玉雕成，脂光圆润，细
眼、小嘴、长鼻，神态平和端庄，头上有代表束发的布围，
须、眉、发刻琢清晰，可能是一件头戴方山冠的舞乐俑。玉
熊，小眼、肥臀，线条简练，造型朴拙（图二四）。玉鹰，双
翼平展，尾羽散张，颇有俯冲巡猎的姿态。玉狮，昂首挺胸，
体态雄壮，威风凛凛。玉辟邪，面目狰狞，姿态刚劲，引颈咆
哮。玉奔马，由白玉圆雕而成。玉马鼻孔翕张，两耳耸立，双
目前视，四蹄飞扬，作奔驰前进状。马身以阴线刻饰隐起状羽
翼。马足下踏一长方形托板，底面雕刻回转起伏的朵云纹。骑
者头系方巾，身穿羽状短衣，双手前扶马颈。全器造型精巧，

图二四　陕西咸阳西汉渭陵西北遗址出土玉熊

图二五 陕西兴平西汉茂陵出土玉铺首

形象生动，是一件仙人御神马的艺术杰作。

1968年，渭河北塬狼家沟出土西汉"皇后之玺"一件。四方形，通体润白晶莹，螭虎钮，四侧刻云纹。高2、宽2.8厘米[119]。据专家研究，"玉玺当是吕后之印"，"皇后之玺之发现，是迄今所知汉代帝后用玉玺中仅有的一件出土遗物"[120]。

1975年，兴平县瓦渣沟西茂陵附近地下70厘米处出土一件特大型西汉四神纹玉铺首[121]。通高 34.2、宽 35.6、厚 14.7 厘米，重 10.6 公斤，由一整块苹果绿色的玉料雕琢而成。正面饰兽面纹，张目卷鼻，牙齿外露，眼球鼓凸，形象凶猛。顶饰流云纹花冠。兽面两侧附饰四神纹，左青龙，右白虎。经透雕、隐起及"游丝毛雕"等工艺的综合加工，龙、虎肌理清晰，翻腾奔走，甚为生动。白虎之下有玄武，口中衔一小蛇。青龙左下方是一弯喙花尾的、略显抽象的朱雀。铺首背面有突起的长方形钮，上有方孔，可以穿榫（图二五）。据专家研究，这件国内独一无二的大型玉铺首，应该是茂陵地宫墓门上的装饰品。

　　1983 年，广东象岗南越王赵眜墓出土玉衣、鼻塞、觽、璧、璜、环、玉珮、舞人、剑饰、带钩、印章、六博子、铜框镶玉盖杯、铜框镶玉卮、角形杯（图二六）、盒、铜盘承高足玉杯等十九种二百四十四件[122]。丝缕玉衣是当时考古界的首次发现，而且是目前国内出土完整的西汉玉衣中年代最早的一例。从玉器的品类分析，过去少见的玉制器皿出土了五件之

图二六　广东象岗西汉南越王赵眜墓出土角形玉杯

多。绮丽繁复的玉组珮饰共出十一套，仅墓主一套就多达三十二个组件。犀形玉璜，通体透雕，犀身浮雕谷纹，张口，长尾下挂回卷，与头部几成对称，前后肢蹲曲，三蹄趾，可能是当时仅见的玉犀造型。不知是巧合还是精心构思，赵眜一人陪葬四位夫人，而组珮的两璧上正好出廓为四只娇凤，且璧上居中为一霸气十足的奔龙。

20世纪50年代起，汉代玉器在江苏已多有发现。

1993年，连云港东海县尹湾村西汉晚期家族墓出土嵌玉面罩、含蝉、肛塞等[123]。其中嵌玉面罩是一种罕见的长方形盝顶葬具，长50、宽41.5厘米。罩内上下正中各嵌璧一件，下为琉璃璧，上为双尾龙纹玉璧。罩内外镶嵌有不同形状的琉璃片。部分琉璃片上有内凹的纹饰，并填以金箔，颇为豪华。

1965年，涟水县三里墩西汉墓出土玉琮、璧、瑗、镯、泡等七件[124]。然而，其中一件玉琮的造型及加盖带座的设计令人颇费思量。玉琮外方内圆，光素无纹，高7.3厘米。按经验，这种形制并非出自于汉代。殷志强认为，其乃西周或战国旧物[125]。无论属于什么年代，在此配置精美的鎏金展翅鹰形银座和嵌水晶圆形银盖，其用途已有它移。从盖沿一周穿孔，盖内、琮内残留烟炱可知，此琮已改作香薰使用。

1982年，高邮居山西汉墓出土乳丁纹玉璧一件[126]。其钮缠有三股绢带，出土时系挂在棺外前壁中央。这一特殊的现象对于研究西汉玉璧的用途很有参考价值。

1989年，徐州东郊下淀乡陶楼村西汉刘顾墓出土玉璧、人等三件[127]。其中玉人圆雕，立势、拱手，束发于顶，发髻居中高凸，有带系结颏下。眉、眼、八字髭清晰可辨。身着长襦，背面下摆开叉，足微露。从头至底有通天穿。这是汉代不为多见的出土圆雕玉人之一。

1994年，徐州狮子山西汉初年墓出土玉杯、卮、璧、璜、环、珩、钺、戈、枕、蝉、龙、豹、衣、冲牙及镶嵌玉棺等一大批精美的玉器[128]。一件长23.5厘米、高14.5厘米、重4754克的玉豹，全身呈卧伏状，头微抬前倾，双目圆睁前视，嘴微闭而露齿，双耳竖直，脸盘下一周刻划刚挺、整齐的鬣毛，颈上戴有镶海贝（开口的铃铛?）的项圈，上有环纽以系绳，长尾从两后腿中反蜷曲于背上。整体上制作精细，造型生动。其他如双首虎形玉枕，虎、凤、勾连云纹玉戈，群龙拱宝鼎纹大玉璜等等，都是汉代仅见的玉中珍品。

1977年，扬州邗江县甘泉西汉姜莫书墓出土玉璧、璜、舞人、觿、鸡心珮、兽及嵌四白玉龙纹鎏金铜带板等三十三件[129]。其中玉舞人、龙纹觿、螭虎纹鸡心珮上的阴刻纹线条，纤细秀丽，极富弹性，是汉代最典型的"游丝毛雕"工艺。

1980年，同一地的东汉二号墓出土龟钮"广陵王玺"纯金印及玉人、珠、管等。其中玉人高4.1厘米，青玉质，头戴高冠，宽带博衣，衣领右衽，衣摆拽地，腰际横穿一孔可供穿系，五官和衣纹均用粗犷洒脱的"汉八刀"工艺刻成。这是迄今所见唯一由考古手段获得的玉翁仲[130]。

1984年，同一地的老虎墩东汉墓出土飞熊丹药瓶一件[131]。玉熊用新疆和田白玉雕琢，张嘴卷舌，身附双翼，底部有蜷曲的尾巴，头顶部开圆孔，上置银盖。熊的身躯、五官和飞翼结构严谨，是东汉时期难得一见的动物形圆雕精品[132]。

20 世纪 70 年代，安徽的汉代玉器也有发现。

1972 年，亳县城关镇凤凰台一号东汉墓出土玉严卯、刚卯、豚等四件[133]。严卯三十二字，刚卯三十四字。经与文献对照，略有出入，值得作进一步研究。

1975 年，阜阳涡阳县石弓山西汉崖墓出土玉人形珮、描（鎏?）金铜座玉杯二件。玉人形珮雕工十分精细，五官、衣领、襟袖及束带部分采用浮雕手法，衣服上的纹饰和须发采用线刻手法。由于其刻画写实性强，对研究汉代服饰也有一定的参考价值。描金铜座玉杯的桶形杯体系整块白玉琢成，晶莹剔透，光洁如镜[134]。其形制与秦汉习用整玉雕成带座玉杯或鎏金铜框围拼成杯体的工艺有所不同，颇为特别。

河北的汉代玉器同样有较多发现。

1987 年，隆尧县固城村西汉残墓出土玉衣二百三十余片，四分之三雕饰有图案，且大部分留有镶贴于剔地处的金箔。百分之十六的玉片背后还有墨书文字，为我国玉衣片的研究提供了新的实物资料[135]。

1969 年，定县城南北陵头村 43 号东汉墓（专家认为是中山穆王刘畅墓）出土玉座屏、璧（图二七）、扇面形玉饰、璜、环等一批玉器[136]。其中玉座屏高 16.5、长 15.3 厘米，由四件玉片组成，两侧支架及中间上下两层各一玉片，中间上下两层玉片两端的榫部插入两侧支架的孔隙之中。两侧支架均为连璧形，两个并联的圆璧内各透雕一龙，缠绕于璧正中的长方形孔中。上层玉屏片正中透雕一两手抚握、双肩生翼、盘膝高坐的"东王公"，下侧左右两边各透雕一跪着的妇女，周围透雕凤、鸟、麒麟、雁、兽等形象。下层玉屏片正中透雕一与"东王公"造型相同的"西王母"，头部两侧各跪一妇人，四

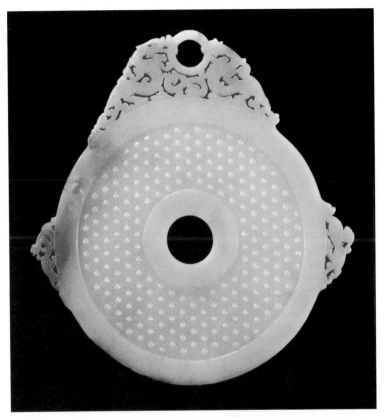

图二七　河北定县东汉中山穆王刘畅墓出土玉璧

周透雕龟、蛇、熊等形象（图二八）。笔者认为，此器应是两组玉胜上下相叠的造型。另二件玉坠饰，顶有匙形，下附两节形体，习惯上称为"司南珮"。此类玉器在考古发掘中出土较少，故极有参考价值。

　　1968 年，保定满城县中山靖王刘胜夫妇墓发现的玉器几乎集汉玉之大成，有璧、圭、环、璜、笄、珮、带钩、人、印

图二八　河北定县东汉中山穆王刘畅墓出土玉座屏

章、九窍塞、蝉、瓶、枕等一百二十五件和分别为二千四百九十八、二千一百六十片的男女墓金缕玉衣二套及女墓镶玉漆棺上的玉版、璧、圭等二百二十六件[137]。

　　此墓的金缕玉衣相当完整，但男墓玉衣做成腹部形状的上衣前片反面在具有臀部开头的上衣片之下，说明入葬时间仓促，造成摆放错误。墓主下腹部还有用琮加盖改制而成的罩生殖器的小盒。有学者认为，这是玉琮发展至此的一种新用途。镶玉漆棺是考古界首次发现的新型葬具，为我们研究汉代葬具及玉器用途提供了新的资料。墓中其他出土的玉器还有一些特别之处：许多精美的鎏金、错金银铜器的最精华处都用美玉镶嵌，以凸显玉之珍贵。如女墓的虎头镶玉铜枕、朱雀衔环铜杯及男墓的嵌玉仪仗顶铜饰、嵌玉衔环铜铺首、透雕镶玉铜饰、龙头镶玉铜枕等等。夫妇两人口中的玉琀都呈怪诞的山字形，它们是否有特别的含义？是与中山国多山有关，还是与两人的地位有关？与良渚文化大墓人骨架口部近似山字形的玉器有无渊源关系？这些都值得探讨。一件抚几跪坐的玉人，白玉质，五官、发冠、衣理、四肢都刻划得丝丝入扣，器底阴刻五行十字："维古玉人王公延十九年"。这是汉代少见的、纪年确凿的男性玉雕塑像。

此外，山东各地还有一些汉代玉器出土。

1977 年，巨野县红土山西汉墓出土的玉器中，玉琀造型特别，呈并列双蝉形；玉具剑工精质优，编号为 121 的铁剑，其剑柄竟用十组金丝缠绕，而且剑首一反常见的平而正圆的造型，改为扁平长方斜角形，上面浮雕、透雕着五只螭虎盘缠穿绕于云纹之中[138]。

1979 年，荣成胶东半岛成山地下出土西汉玉器四件。璧居中，璜在上，两圭置左右。1982 年，同一地出土西汉玉器三件，一件玉璧、两件圭，位置不明。1979 年出土的玉璧，内圈为蒲纹，外圈称变形夔纹，实际上是无龙首脸面的对对龙角，这是汉墓中的仅见之物。由于此地传有始皇殿的古建筑，王永波认为，它们是当年祭日的遗物[139]。

　　1995、1996 年，长清县双乳山西汉济北国王刘宽墓出土玉器五十余件[140]。一件玉覆面最有特点，分别由额、腮、颊、颔、耳十七块玉片和鼻罩组合而成。眼睛与嘴巴由相对玉片对应磨出，并非独片相罩。其形状与脸形非常相像，左右对称，上下协调，部位恰当，浑然一体。各玉片内侧下棱和鼻罩边缘处斜穿细微孔，孔孔对应，以便相互缀连。还有一点值得注意的是，以前所见玉覆面的鼻部都是用几片素面玉片拼成，而这件鼻罩却是用一整块玉石雕镂而成（图二九）。

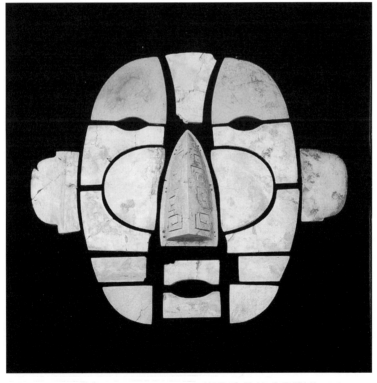

图二九　山东长清西汉济北国王刘宽墓出土玉覆面

（五）魏晋南北朝玉器

魏晋南北朝是中国历史上长期处于频繁战争的年代。政治上的动乱使社会经济和文化都遭到了极大破坏。玉器的发展同样也受到一定影响，特别是之前作为玉器主要内容的礼仪用玉开始大量退出历史舞台。据资料统计，此期出土的玉器中，礼仪器大致有琮、璧等；佩饰有璜、环、玦、珮、珩、玉具剑等；实用器有印、棋、杯、卮等；葬玉有蝉、猪、窍塞、眼盖等。但其中一些玉器的造型和工艺具有偏早的因素，它们可能是前期文化的遗留。如江苏郭家山东晋墓出土的一件蟠螭钮玉印[141]，完全是东汉遗物的重新利用；南京板桥石闸湖西晋墓出土的一件玉璏[142]，亦是汉代玉具剑上的部件[143]。

礼仪用玉出土较少。南京幕府山一号墓出土的玉琮，在形制上不似六朝文物，而且其高仅 6.55 厘米的素面方柱造型，与传统意义上让人顶礼膜拜的通天地的礼玉形象相去甚远。

装饰用品主要是玉带钩、玉璜、玉环、玉珮以及玉剑饰等。而玉带板是此期出现的新形制，以陕西咸阳机场基建工地北周若干云墓的出土资料为最早。玉带钩都属实用小型器，且一反汉代工艺繁复精美的风格，纹饰大多朴素简单。江西南昌京山南朝墓出土的一件龙钩[144]，白色，颈部细长，腹下有一椭圆形钮，钩身作六面体，龙首只浅凸两角，额下左右两面磨出深凹作眼，简练之极，几近抽象。湖北汉阳县蔡甸西晋墓出土的一件龙钩[145]，灰黄色，凸弧腹，钮大于腹，龙首仅磨出几个凸棱示角、耳、眼、嘴，长 4.8 厘米。玉璜几乎都是素面半环形，两端穿孔。玉环亦多素面，江西南昌京山出土的一件扁平白玉环[146]，在两侧各有一长方形凸起。玉珮的造型相对复杂一些。南京邓府山六朝墓出土的透雕环状珮[147]，造型生动，刻画精湛，极具汉风。另有一种扁薄云头形、梯形玉珮是这一时期的特色，上穿一至四孔不等，一般素面。个别精致者如山西秦阳北齐库狄回洛墓出土的一件[148]，轮廓近蝙蝠形，正面浅刻衔珠凤鸟纹，背面为火焰状云纹，线条纤细流畅，图纹疏密有致，为其后盛唐细腻、写实、华丽的琢玉风格开创了先河。湖南安乡西晋刘弘墓出土的一件双龙鸡心珮[149]，虽然其龙的形态尚留汉风，但扁薄素面的造型应是当时的特征。玉具剑发现不多。辽宁北票北燕冯素弗墓出土的一件玉剑首颇具代表性[150]，棕色，圆形隆顶，顶面雕琢回转缭绕的流云纹，中心穿一小圆孔。

生活用品一般以饮食用玉杯、玉樽、玉盏及文房用具玉印之类为主，同样是简朴素面的特征。湖南安乡西晋刘弘墓出有一件精美的鸡骨白浮雕玉樽，是罕见的特例。直筒腹，器身有三周凹带纹，将纹饰分为两节。上部对称设两铺首衔环作器耳，一周饰螭虎、蟠龙及乘云羽仙。下部刻有羽仙与龙、虎与螭、龙与熊争斗的生动场面。平底，下置三熊形足。在制作技巧上，人与动物的眼球、肢爪、躯体常常使用斜磨隐起的工艺，使起伏不大的浮雕图案呈现出极为强烈的立体效果。人与动物的毛发及局部轮廓又采用简练、清晰的阴刻细线勾勒，使图案增加了相当丰富的层次感。该器纹样紧凑，构图生动，色白质细，工艺精湛，是一件极有特色的国宝级玉器[151]。但不少专家认为其属东汉遗物。洛阳涧西魏墓出土的一件直口、深筒腹、圆足、素面白玉杯[152]，造型上尚留汉代的痕迹，但朴素无纹的特征与汉代风格已有区别。辽宁北票北燕冯素弗墓出

图三〇　江苏南京郭家山东晋墓出土猪形玉握

土的一件碗形玉盏[153]，仅口沿部饰一周弦纹，朴实无华，亦是当时的代表作。

目前能见到的葬玉有含蝉和猪形玉握等。玉蝉以南京郭家山东晋墓所出一件为例[154]，青白色，中间厚两边薄，用简练的阴线刻划出蝉的轮廓：尾、翅端部呈锋尖状。从基本造型与线道刻划痕迹观察，其与汉代的"汉八刀"相似，但刀法略显迟钝。猪形玉握与此墓同出，青灰色，身躯几成细柱形，四肢前屈作卧伏状，腿部刻划尚有汉代遗风，但猪首部弧形的面部和额部皱纹及勾弯的眼梢，都是用尖细、富有弹性的线条刻成，与前迥异（图三〇）。

此外，佛教传入后，逐渐与中华传统文化相融合，为这一时期玉器的发展增添了新的内容。玉佛像的出现即为代表。如史载东晋建业瓦官寺内的玉像（佛教中有以象喻佛语），但其用何种玉料所制不得而知。之后，北魏宣武帝元恪（公元500～515年）于恒农荆造珉玉丈六佛。玉造像之风气贯穿北魏至唐代四百余年。但玉材珍贵，民间僧庶信徒便以大理石或彩石代替。曲阳修德寺遗址出土的白石造像中有若干题白玉像铭者。如北魏永熙二年（公元533年）十月十六日赵曹生妻张法姜造玉观音像及北齐天保十年（公元559年）四月十八日佛弟子王和等兄弟三人造多宝玉像[155]。当然，就我们今天的考古发掘资料而言，在这方面还没有特别重大的发现，但以上的文献记载应该是可信的。近年，山东青州一大批以北魏、东魏、北齐为主的石雕佛像[156]和西安北郊西查村三尊北周白石观音[157]的出土证明，这一时段玉佛像的发现并非没有可能。

　　魏晋南北朝时期玉器的出土资料相当稀少，但有些工艺独特、用途不明的玉马头饰件（图三一）等却具有一定的研究价值。此期玉器的主要报道见之于先后为东吴、东晋、宋、齐、梁、陈六个朝代都城的江苏南京附近。现将各地出土玉器中的一些典型发现摘要如下：

图三一　江苏南京石门坎出土南朝玉马头

1996年，江苏南京花神庙南朝墓出土玉人、猪、狮三件。无论用玉及琢刻工艺，都具有强烈的时代特征。豆青色玉人，光洁莹润，采用圆雕方法琢刻而成，并阴刻出五官。其拱手站立，似为女性形象：椭圆形脸，眉目清秀；头梳双髻，中间凹下，两边高出，额有刘海；上衣为交领宽袖衫，下着折叠裙，曳长及地；前后各有一竖向牛鼻穿，供系挂装饰用。简报中认为，这件"玉人最为尊贵，因为它填补了六朝玉器中的一个空白"，并进一步认为，"玉人作品用最珍贵的材料和最直接的方式向后人传递了古代人类的信息，让我们认识他们的真实面貌。各个时代的玉人都具有各自鲜明的时代特征。这次出土的南朝玉人所具有的秀骨清相以及飘逸绝伦的内在神韵和艺术风格，是其他时代无法比拟的，可以看作是六朝风格的一个代表"[158]。

1997年，江苏南京五台山东晋墓出土素面玉璧一件。姜林海等认为，"南京地区六朝墓中从未出土过这样大的玉璧（直径15.5厘米），从其青灰色素面无任何装饰的朴素风格看，不像是汉代的玉璧，是很接近本地区营盘山墓地新石器时代的玉器"[159]。

1998年，江苏南京东郊东晋高崧家族墓出土玉璜、珮、璧、珩、珠、辟邪、司南珮、剑首、剑格、剑珌、剑璏、带钩、杖首、猪等[160]。这批玉器质地不一，玉料有青白、灰、墨绿等色，但大多晶莹温润，雕琢精细，造型优美，构思巧妙。其造型、纹饰及工艺技术，一方面明显继承了汉代玉器的风格，另一方面又具有十分鲜明的时代特征。鸡心珮中孔明显扩大，四周透雕首尾相交的蟠螭纹及阴线刻云纹，虽然舍弃了汉代常用的立体感较强的隐起工艺，却也显得轻灵、细腻，别具一格。璜形玉珮上出现难得一见的猕猴造型。司南珮和玉杖首是这一时期同类器中的首次发现。玉具剑的剑首、剑格、剑璏、剑珌四件同时出土，亦属首次。这也是目前所知出土玉器中年代最晚、最完整的玉具剑标本。玉猪四件成对出自墓主双手附近，通体圆雕，剔地浅雕眼、耳、四肢等细部，雕琢简练，形象生动传神，尾椎上还有一小穿孔，可以推测是先穿系细带固定后再握于手中。这反映了当时的一种特殊葬俗。由璧、璜、珩、珮、珠等配件构成的组玉珮，出土时未经扰乱。这为认知当时的佩系形式提供了珍贵资料。据专家认定，高崧家族墓"是迄今为止我国六朝墓葬中出土玉器数量最多、工艺最精的一次。并且出自纪年墓中，有明确的墓主身份，这对研究六朝佩玉制度，重新认识六朝玉器特征，推动玉器研究，无疑具有十分重要的学术价值"。

1936 年，河南洛阳周公庙北墙外西晋裴祗墓出土铜质镶玉腰带一副[161]。

1956 年，河南洛阳涧西 16 工区曹魏正始八年墓出土玉杯一件[162]。高 13、口径 5 厘米。直筒腹，下附细柄圈足，形制基本与秦汉同，唯整器素面洁白莹润。

1973 年，山西寿阳县北齐库狄回洛墓出土玉璜、玉珮玛瑙狮形雕饰、琥珀兽面等[163]。三件玉璜均出自棺内人骨架的胸部。其中一件乳白色，扁薄蝙蝠形，沿边有孔及穿；正面线刻一只展翅欲飞的凤鸟，空间以云纹点缀；背面线雕火焰状的云纹。线条流畅，做工精细，是典型的时作玉器。

1989 年，辽宁朝阳县西营子乡田草沟晋鲜卑墓出土嵌玉管状一件[164]。管由金片卷曲而成，器表嵌入墨绿色玉石，镶框之间和管端上饰以金丝和金珠。

1988 年，陕西咸阳机场北周若干云墓出土玉带一副，青玉、素面，磨制匀润。这是我国迄今为止发现的最早的玉带标本[165]。"据载，玉带之用在南北朝时已有，但此前一直未见出土实物为证，此件发现是迄今所见唯一一件最早玉带的实物例证，且对当时玉带之形式和结构等研究都有重大的科学价值，在玉带史上具有划时代意义。"[166]

1977、1978 年．陕西华阴县西关生产队晋墓出土蝉、叶

图三二　湖南安乡西晋镇南将军刘弘墓出土玉樽

形玉饰（眼盖?）、长方形玉饰（鼻塞?）和浮雕玉虎残片等六件[167]。

1989年，陕西长安县北周韦孝宽墓出土青玉谷纹璧一件[168]。

1991年，湖南安乡县黄山镇西晋镇南将军刘弘墓出土玉

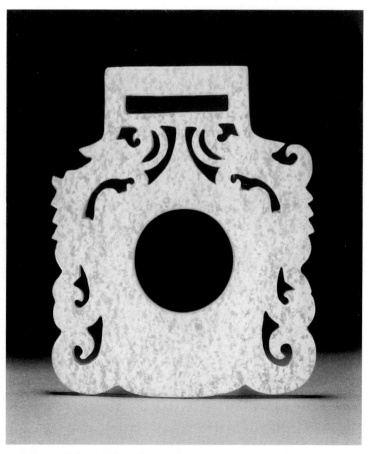

图三三　湖南安乡西晋镇南将军刘弘墓出土玉珮

钺、杯、樽（图三二）、璧、卮、璜、带扣、印、璏、珮（图三三）、猪等十七件[169]。这批玉器不但数量大，而且质优工精。其中的玉卮和玉樽，无论从工艺特征，还是从纹饰题材上观察分析，均应是汉代的遗珍。

（六）隋唐五代玉器

1. 隋代玉器

隋代玉器的形制风格主要承袭前朝，品种数量也十分稀少，大型的礼玉之类几乎绝迹，多戒指、刀、钗、簪等小器，偶见有晋代风格的金玉项链等。

1957年，陕西西安玉祥门外隋李静训墓出土玉戒指、扣、刀、钗、小兽、盏、和田玉、宝石、金等制成的项链等。镶金口玉盏，玉色泽润，弥足珍贵；宝玉石金项链，色彩缤纷，组合精巧，不失为一件质佳工细、造型精绝的珍品[170]。

1986年，西安东郊隋寺院主持舍利墓出土玉珠、印、猪、髓珠及玉玦九件[171]。玉印印面阴刻一"南"字。

2. 唐代玉器

由于唐代宗教，特别是佛教的空前兴盛，过去一直作为礼仪用具的玉器在用途上出现了历史性的转化。其神秘性明显淡化，而实用性则得以充分拓展。主要器形有刀、杯、羽觞、璜、飞天、镯、带板、哀册等。

唐代玉蝉、玉猪尚有葬玉功能，而玉册是唐初新出现并盛行的形式。它是严格限于颂扬记录皇帝、皇后和皇太后生平的刻文填金玉器。高宗之后的太子墓也有使用，但以石为玉。安史之乱以后，制度遂被打乱。相关出土资料证明了这一点。

　　由于佛教的传入，唐代玉器中出现了前所未见的宝藏佛指舍利玉棺和玉制佛骨舍利、白玉菩萨像、玉飞天等。不过玉棺、玉制佛骨比较少见，几乎是孤例。许多称玉雕像的，几乎都是白石、汉白玉之类，罕见真玉。玉飞天出土时在墓主的两鬓，以侧身跣足、卧花蕾云纹中的仙女形象为特色。

　　玉带既体现地位、尊卑制度又兼装饰作用。《唐实录》载："天子以玉，诸侯、王、公卿、将相之带，二品以上许用玉带。天子二十四铐，诸侯王、将相许用十三铐而加两尾焉。玉带有光素之分，龙纹、万寿、洪福等珮文之带，唯天子方得使用，诸侯王、公相，龙文诸带非敕赐不得使用也。"《新唐书·车服》载："紫为三品之服，金玉带铐十三；绯为四品之服，金带铐十一；浅绯为五品之服，金带铐十；深绿为六品之服，浅绿为七品之服，皆银带铐九。"然而出土资料与此完全吻合者极少。目前考古发现的玉带以北周若干云墓时代最早[172]。至唐代，玉带得到了较大发展并逐渐制度化。玉带上的纹饰多以深目高鼻、小袖高靴的胡人舞乐形象为主。在雕刻工艺上，其主纹减地法凸起，渐向四边浅出持平；阴刻线条密集，几无粗细变化。值得我们注意的是，自此以剑格、剑首、剑璏成套出现的、有实际功用的玉具剑彻底消失。笔者认为，这应与玉带铐、铊尾的出现直接有关，因为它们的厚度已难以穿过玉璏扁薄的狭孔。

　　浅刻花鸟纹玉梳脊是唐代的首创。西安何家村出土的白玉镶金镯，三节环成，上刻凸弦纹，每端以金兽面包镶，并用金铆钉、金销连接固定，启动灵活，工艺精细，金玉辉映，光彩夺目。此外，与上同出的白玉莲瓣形杯及西安曲江池出土的青玉镂空鸳鸯委角方粉盒等[173]，都是当时的典型玉器。

　　这一时期的玉器大多出于当时的政治经济文化中心长安、洛阳等少数几个城市附近。

　　陕西隋唐墓葬主要集中于西安郊区。建国以来，当地的考古工作者在这一地区发掘清理了隋唐墓葬近三千座，其中有墓志的达数百座。唐代诸陵及陪葬墓出土的玉器尤为丰富绮丽。

　　1959 年，唐代长安大明宫含元殿遗址出土玉鹰、镶金牌饰、圭璧数件[174]。据报道，几件圭璧的质地较粗，颜色较杂，乳黄色间以灰色斑点[175]。《周礼·冬官考工记·玉人》载："圭璧五寸，以祀日月星辰。"郑玄称："圭，其邸为璧，取殺于上帝。"贾公颜疏："此圭璧谓以璧为邸，旁有一圭，故云，圭，其邸为璧也。"过去圭璧仅见于文字和传世品，此次含元殿出土的实物为我们提供了重要的形制依据。但其用途是否与祀日月星辰有关，尚待进一步研究。

　　1970 年，西安南郊何家村唐代窖藏清理出莲花纹白玉杯、带饰、碾纹带钑、镶金镯和各色玉带钑及方块玉杵等十四件（副）[176]。一套狮纹白玉带板，十六块，一为环扣，二块弧顶铊尾。除环扣素面外，余器表皆以隐起阴线饰狮纹。此为目前所见唯一完整成套者，极为难得。另一套胡人和田白玉带板，十六块，其中四块方形，十块马蹄形，二块弧顶铊尾。正面浅浮雕加阴刻纹刻成奏乐胡人形象，其身披飘带、短衣、尖鞋，或跪或坐。这是中华文化交流等研究中不可多得的遗物[177]。镶金白玉手镯，由三节等长的凸弦纹白玉组成，两节间以金兽面镶包铰联，内侧用金钉固定，造型规整，工艺精细，金玉辉映，光彩夺目（图三四）[178]。莲花纹白玉杯，璧薄精磨，通体晶莹透亮。杯口近椭圆形，弧腹，由相连的八个莲花瓣组成，刻卷草纹，底附椭圆形矮圈足。口径5～10厘米[179]。以

图三四　陕西西安何家村唐代窖藏出土镶金白玉手镯

图三五　陕西西安何家村唐代窖藏出土莲花纹白玉杯

玉作杯还有更早的资料，但出土玉质莲瓣杯以此为最早，且工精质优（图三五）。

1977 年，西安南郊曲江池村出土青玉龙首一件[180]。这是唐代罕见的圆雕玉龙。

1990 年，三桥镇关庙小学唐墓群出土玉带五副[181]。这些带板有羊脂白玉、白玉、墨玉、青玉几种，有铊尾、方带孔或无孔铐、圆首矩形带孔或无孔铐，无孔亦分扁长孔和桃形孔两种。而有纹玉铐均刻有着窄衣小袖胡服、肩飘长带、足蹬高靴的高鼻深目的西域人像。有吹笛、弹琵琶、击鼓、拍板，神情专注的乐人；有执壶举杯，神态怡然自得的酒仙；有侧跪于地，双手托盘呈宝献珠的使者。刀法朴实平满，用边框向内倾斜的压法突出主题，格调别致，与内地华丽细腻的风格有所不同。《新唐书·李靖传》中有李渊赐李靖平肖铣之功时，使用于阗玉带的记载。因此可以认为，这些玉带雕刻西域人物当属于阗遗风。这也是唐代兼容并蓄、吸收边疆民族文化的例证。

1987、1988 年，扶风县法门镇法门寺塔唐代地宫出土玉棺、戒指和玉佛骨舍利五件[182]。其中壸门座玉棺出于地宫后室的秘龛内，玉质佛骨更是首次发现。

1988 年，咸阳国际机场唐贺若氏墓出土缀有玉花片的金花冠一件[183]。全器由金箍、金花钿、金花蕊、玉片、珍珠及各色宝石、绿松石珠穿编而成。整个花冠饰制作极其精美，表现了唐初高超的工艺水平。

1992 年，同一地发现的唐窦皦墓出土玉梁金筐真珠蹀躞带（图三六）一件[184]。此件玉带由扣、铐、环、扣眼、蹀躞带尾饰及鞓组成。鞓为皮制，裹以丝绸，出土时已朽蚀。铐、环、蹀躞带尾饰皆以玉为缘，内嵌珍珠及红、绿、蓝三色宝石，

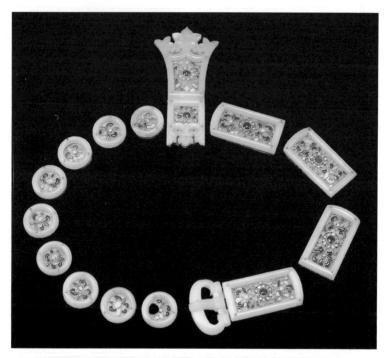

图三六 陕西西安唐代窦皦墓出土玉梁金筐真珠蹀躞带

下衬金板，金板之下为铜板，三者以金铆钉铆合。造型精巧，富丽华美。复原后长达 150 厘米。

1992 年，长安县 36 号唐墓出土白玉女雕像一件[185]。头梳乌蛮底髻，脸庞丰满，柳眉细目，玉鼻高直，樱桃小嘴，面带微笑，神态安详。上着交领阔袖短襦，下着背带曳地长裙，披帛绕于胸前垂于肩后，脚穿尖头履，略露裙外，双手交于胸前捧一小鸟，端坐在束腰鼓形圆凳上，下设一方形台座。整个造型风格与唐三彩人像完全一致。专家认为，该像应为墓主之雕像。

1991、1993年，陇县店子村唐墓出土玉梳二件[186]。唐代玉梳一般仅见梳背，且多为白玉浅浮雕形式。如此绿玉带齿透雕花卉梳十分罕见。

1989年，河南洛阳唐城宫城遗址出土玉册十枚[187]。汉白玉质，每枚长28.5、宽2.7～3.1、厚1.2～1.4厘米。两端各有一小圆孔，用以穿绳编缀。每枚刻三至八字不等。阴刻楷书，字内填金。经与《唐诏全集》等文献对照，可知其中六枚为唐哀帝即位册文。录文如下："十五日丙午"、"百年重熙"、"祖业克绍"、"令誉播于区宇比"、"宝图光践"、"夏文德以囿田戈。"玉册散乱于洛阳宫城应天门内残房墓中，估计是被篡位者遗弃的档案。哀帝玉册为首次发现的唐代皇帝的即位册文，是研究唐末政治、历史的珍贵资料。这为我们了解唐代皇帝即位玉册的形制、质地及相关礼仪制度提供了实物依据。

1984年，河南偃师杏元村庐州唐参军李存墓出土玉羊、牛、盘、罐、杯、盒六件[188]。其中罐、杯、盘、盒外轮廓都有莲瓣纹，恐与佛教有关。玉羊、玉牛是唐玉中仅见者。玉羊尚有丰满体形和晋瓷卧羊的余韵，座底阴刻一"存"字，是墓主人之名。

1991年，河南洛阳伊川县鸦岭乡杜沟村唐齐国太夫人墓出土玉碗、珮、璜、梳脊、牌、珠、管及各种饰片二十八件[189]。其中直口、弧腹、圈底、圈足白玉碗，内壁饰旋纹两周，间方格纹，质地晶莹，糯白滋润，是目前仅见出土的唐代玉碗。如意云纹和梳形玉珮应是组合珮。梳脊一为双凤纹，一为鹦鹉童子戏球纹，在唐代出土资料中同样稀有。

1928年，山东泰安车站北一废塔下出土五尺镂花石函一方，内有细镂金匣，中纳唐玄宗及宋真宗禅地祇玉册十五枚[190]。长约一尺，宽二寸许，刻文为隶书。

1981 年，北京丰台区王佐乡唐史思明墓出土玉册、饰片四十八件[191]。玉册四十四枚，汉白玉质，仅八枚完整，每枚刻十一字，行书体，字口填金。两端有小孔，以便连缀。长 28.4~28.6、宽 2.8~3.2 厘米。分为谥册与哀册，其中七枚背后刻"哀"字。史思明是唐代安史之乱的重要人物，玉册的内容为我们提供了直接的史料依据。据载，史朝义杀史思明后用骆驼将其尸体驮回海阳。哀册中"昭武（史思明的谥号）皇帝崩于洛阳宫玉芝（玉芝宫）"、"帝朝义孝乃亲惟□□"等文字正与前呼应。因此，这是认定墓主为史思明的重要佐证。另有关文字还纠正了史载下葬的时间等等。

1986 年，吉林永吉县乌拉街镇查里巴村隋末唐初靺鞨文化墓葬出土白玉璧三件[192]。其中发现了中国古代玉璧上罕见的用金属片加铆钉修复的现象。

1997 年，宁夏海原县发现伊斯兰教玉牌一件[193]。菱形花瓣纹，长 5.9、宽 4.5 厘米，用和田玉加工而成，上有凸耳，横孔供系挂。器表刻阿拉伯文"安拉（真主）"两字，周围用五枚四、六瓣宝相花相拱，点缀自然，结构严谨，有浓郁的民族特色。海原县处在古丝绸之路长安至凉州东段北道，是很多阿拉伯人传播文化、贸易和栖息之地。这块玉牌的发现，为研究唐代中西文化交流史提供了珍贵的实物资料[194]。

3. 五代玉器

五代历时半个世纪，当时的中国"西至关内，东极青齐，南出江淮，北至卫滑，鱼烂鸟散，人烟断绝，荆榛蔽野"。此期出土的玉器数量稀少，质量平庸。

1942、1943 年，四川成都西郊"抚琴台"前蜀王建墓出土玉带、册、谥宝、环、绶、板等[195]，几乎是当时仅见的精品。两副玉册，一为谥册，一为哀册，均刻在岷玉制成的玉简上。楷书皆深镂敷金，中缀以银丝贯连，盛于精致的册匣内。王建的玉带，装有银扣两个，玉銙七方，铊尾（当时称獭尾，下有铭文为证）一方。均刻龙纹，纹饰古朴大方。铊尾背面有铭文："永平五年乙亥，孟冬下旬之七日，荧惑次尾宿。尾主后宫，是夜火作，翌日于烈焰中得所宝玉一团。工人皆曰：此经大火不堪矣。上曰：天生神物，又安能损乎！遂命解之，其温润洁白异常，虽良工目所未睹。制成大带，其胯方阔二寸，獭尾六寸有五分。夫火炎岗，玉石俱焚，向非圣德感，则何以臻此焉！谨记。"在一件长仅 19.6、宽 8.2 厘米的玉铊尾上，刻上如此丰富的内容，前所未见。这对今人研究当时用玉文化及度量制度均有重要意义。另在玉銙、铊尾的正面琢刻的八条飞龙，富态华丽，精细生动，也是整个隋唐五代为数不多的玉龙形象中的精品。

1996、1997 年，浙江临安玲珑镇康陵出土五代玉篦脊、钮扣、簪饰、龙、鸳鸯、各式挂饰七十余件（组）[196]。篦脊刻鸳鸯花卉，钮扣、簪饰、挂饰大多琢刻花卉枝叶纹。玉鸟用玉片分别刻出翅、身、首，尾等部件后，榫接穿连成立体状，很有特色。挂饰大多是由两片玉饰刻槽十字形对接成立体状。

（七）宋代金元玉器

1. 宋代玉器

宋代玉器沿袭了唐代的实用与装饰功能。其以汉族风习为

主体，呈现出风格差异较大的民族与地域特色。主要包括龙首
饰等朝廷用玉，对称花鸟饰等佩饰，钗、簪等首饰，卣、炉等
器皿，砚、笔架等文具，各种动物等肖生造型，玺、册等铭刻
玉器几类[197]。此期考古发现且名符其实的玉礼器几乎消失殆
尽。肖生玉因受院画影响，崇尚写实，并追求肌体的合理性。
鹤草花卉多以隐起、镂空的方法对称处理。玉钱是新发现的求
财吉祥形式。

　　北宋吕大临的《考古图》是收录古代玉器资料最早的金
石学著作。它的问世推动了赏鉴、收藏与仿制古玉器的风气的
蔓延。关于宋代玉器中仿古器的记载很多，但出土资料较少。
安徽休宁县南宋朱晞颜夫妇合葬墓出土青玉兽面纹卣一
件[198]，制作规整，纹饰精美，为南宋仿古玉器中不可多得的
代表作。此器局部有黄褐色浸斑。扁葫芦形，矮镂圈足，盖已
失。颈两侧饰对称的方形龙耳，并有一圆穿。耳下各雕一昂首
蜷曲螭龙。颈琢回纹凸脊，脊两边饰阴线龙纹，腹下部为剔地
兽面纹（图三七）。

　　1984、1985 年，河南巩义宋太宗赵光义永熙陵后陵之一
——元德李皇后陵出土珉玉质谥册三十六简片、哀册四十一简
片。其中一简正面残留贴金彩绘画像，比较稀见。经校核，册
文与文献记载不符，无法考订出原文[199]。

　　1974 年，北京房山县长沟峪煤矿工地宋代石椁墓出土玉
双股钗、孔雀形钗（图三八）、折枝花饰、双鹤衔草饰、镂雕
雁竹饰、透雕折枝花饰、镯、环和"政和通宝"文玉钱十一
件[200]。玉石是一种极其脆硬的材料，能够将其镂雕成盘卷缠
绕、极富弹性的竹枝造型，实在令人惊叹。从几件花叶玉锁饰
立体生动的雕玉工艺上观察，当时已经显露出元代深刀工艺的

图三七　安徽休宁宋代朱晞颜夫妇合葬墓出土青玉兽面纹

图三八　北京房山长沟峪宋代墓出土孔雀形钗

端倪。而鸟雀翅膀羽毛用整齐密集的细长格形式表示，则反映了唐代工艺特征的遗痕。

1972 年，浙江新昌县新溪公社丁村学校南宋墓出土玉石鼓形镇纸、折枝花卉珮、阴刻篆文"卢遇"印、珠串、桃形珮五件（组）[201]。其中圆雕哮天神犬玉印上"卢遇"二字系三号墓主名字。桃形玉珮，长 7.5 厘米，透雕薄片，以荷塘鸳鸯戏水为主纹，底部为心字形藕节，上为弯缠的莲枝，顶端为一朵盛开的莲花，设计巧妙，布局规整，别具匠心。这种器形，有专家称其为帔坠，是古代霞帔上的饰件。

同年，浙江衢州王家公社瓜园村南宋史绳祖夫妇合葬墓出土的青玉笔架，是当时出土的玉制笔架的首件标本[202]。白玉荷叶杯，俯视呈两片张开的荷叶，大叶为杯身，小叶为杯柄，大叶下还有镂雕的莲花枝叶，设计巧妙，情趣盎然。青玉莲苞纹瓶，内盛朱色粉末，应是化妆用品。白玉兔镇纸，卧状，双目前视，大耳贴背，运用粗细不同的刀法刻出兔子的肌理轮廓，眼球眼皮上的隐起斜磨工艺，更使玉兔精灵神气毕现。

1987 年，浙江兰溪南宋墓出土浅浮雕乳丁纹青白玉璧一件[203]，色泽淡绿晶莹，为宋墓中罕见。

1956 年，江西上饶茶山寺南宋赵仲湮墓出土人物纹玉带一副[204]。其中方带銙七件、桃形一件、铊尾一件。除桃形一件素面、铊尾为秉烛徐行者图案外，余皆刻琢有盘足状人物，有捧阮、吹箫、饮茶、奉桃、持盂、说教诸形象。这在出土资料中相当少见。唐代玉带人物都是用机械、密集、相对短促的线条刻画的小袖、短袄、卷发、高鼻、深目的胡人形象，而宋代带板则用尖细柔和、流畅、富于变化的线条刻画出头打发髻、身着交领大袖长袍的汉人形象。

1978 年，陕西西安交通大学建筑工地出土白玉镂孔福禄寿珮一件[205]。该器蛋圆形，高 6、宽 5.5 厘米。以松、鹤、龟喻仙寿，以鹿寓禄，灵芝为福，又取"鹿鹤"音"六合"，"鹿鹤同春"意"六合同春"。这为以后的吉祥寓意玉开创了先河。

2. 辽代玉器

辽代玉器吸收了汉文化中的先进因素，但造型上别具一格，随意性很强。像生玉形神兼备。如飞天、摩羯、金翅鸟等，在此期颇有特色。这些可能是当时反映北方边疆民族风情和与其生活环境相吻合的最突出的用玉形式。

辽代玉器质地细洁匀润，几乎都是和田玉，说明当时虽与新疆相距遥远，但两地之间尚有密切的来往。内蒙古翁牛特旗出土与当地民族习俗不甚接近的本是新疆柏孜克里千佛洞、甘肃敦煌壁画等丝绸之路沿线的重要的佛教题材——玉飞天，似乎证明了这种交流的可信性。

1986 年，内蒙古哲里木盟奈曼旗青龙山镇陈国公主与驸马合葬墓出土一批重要的辽代玉器[206]，无论是质量、数量，还是造型艺术，都是空前的。其中佩饰就多达七组四十四件。经中国科技大学结构分析开放研究实验室对一些标本作无损分析，它们都为透闪石—阳起石系列矿物组成的集合体，属软玉。加工后，都比较细腻光洁，晶莹滋润。这些玉器既有生动的龙、凤、鱼、鸳鸯、鸿雁、海螺、蛇、猴、蟾蜍、蜥蜴、蝎子等形象，也有一些象征性的充满生活气息的用具，如刀、剪、锥、锉等的模型。它们有的圆雕，有的片状，有的镂雕，有的线刻，有的单体为器，有的拼合而成，更有金、银、宝石、玻璃的繁复组合。玉柄刀锥器具是当时当地的特色之一，出土时两器都悬佩于驸马银蹀躞上。由于鎏金银鞘，做工精良，锋利如新，再配以润泽稀贵的青白玉柄，既是日常得心应手的工具，又是标志着高贵身份的佩饰品。两件青绿色箕形玉砚，分别长8.5、12厘米，箕形口下都置两足，呈积水状。虽然玉料稍粗，但就目前资料而言，仍是我国最早的出土玉砚实物。一件青绿色椭圆形方唇平底玉水盂，显然是与玉砚配伍的玉质文房系列。交颈鸳鸯珮和鸿雁珮，器形整体感强，眼、喙、翅、羽刻画细致，是两件工艺、意韵俱佳的圆雕玉器。鱼形、圆形白玉盒，器形虽小（最小直径2.5厘米），却刻琢精致。如小圆盖分别饰有含珠飞龙和展翅飞凤纹，且都有复杂的子母口结构，开合自如。其中一件鱼形白玉盒组合尤其华丽，上部是绶带形白玉珮，下用金丝穿三颗珍珠、二颗琥珀珠、一颗绿松石珠、一颗水晶珠；子母口鱼形盒的头至背脊盖底两面，各用五颗金铆钉镶饰一条波形金片，鱼尾端部每面铆有金质合页，盖上连有金链插销，合上后可销入固定。三组白玉组珮，一组由绶带玉珮下用鎏金银链串挂龙鱼形、双鱼形、双凤形、双龙形、鱼形五件坠饰组成（图三九）；一组由鎏金环出廓玉璧下用鎏金银链串挂圆雕的蛇、猴、蝎、蟾蜍、蜥蜴五种动物组成；另一组由鎏金银环莲花形玉珮下用鎏金银链串挂剪、觿、锉、刀、锥、勺六种工具模型组成。这种佩挂组合充满生活气息，琳琅满目，前所未见。特别是前一组珮上的出廓玉璧，润泽脂白，璧外云雷纹起伏流畅，璧面上竟是十二生肖的完整图谱，这应是中国玉器上第一次出现的十二生肖合家欢。更具有强烈地域特征的玉器，如玉臂鞲，它是专门用于驾训猎鹰的工具。出土时套于驸马左臂银丝网络之外。狭长圆形，正面微鼓，左右凸耳状穿孔牵穿金链系于手臂。另外，墓

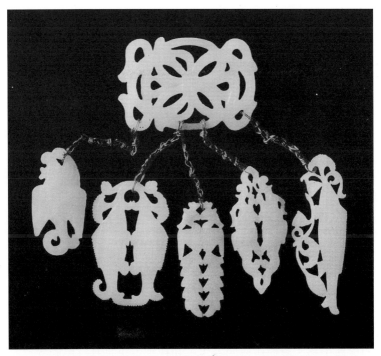

图三九　内蒙古奈曼旗辽代陈国公主与驸马合葬墓出土白玉组珮

中两耳室两套马具上出现白玉制作的花形节约八件，而狻猊形、马形玉饰竟多达二百八十一件。它们分别使用并镶饰于马额带、银马络上。

　　由于该墓未经盗掘，并有言简意赅、对仗工整的墓志，且墓主身份显赫，所以此次出土的玉器对中国辽代历史乃至中国玉器发展史的研究，都具有特别重要的意义。

　　1967年，辽宁阜新县塔营子辽塔地基出土白玉莲花纹杯、金链白玉竹节形盒等[207]。前者出二件。一件侈口，弧腹，圈足。腹部刻竖向细线水波纹，下部为复瓣莲花纹。器璧轻薄，内侧能透见外部花纹。高 3.5、口径 6.1 厘米。一件圆口内敛，腹壁阴刻辽代云龙纹。云龙作翻腾状，张口露齿，追吞火焰珠。由于辽代玉刻龙纹相对少见，其标本相当珍贵。器高 3.4、口径 6.2 厘米。后者一件。盒身琢成六节竹形，最上一节为盖，盖与器口底部上下三对贯耳，用金链穿连，下端有金叶裹饰的蓝玻璃茄形坠。碧蓝、洁白、金黄交相辉映，视觉效果十分突出。

1979 年，辽宁喀左自治县白塔子辽墓出土白玉镂孔飞天二件[208]。二件飞天造型完全一致。人物俯身挺胸昂首，面作男相，五官清晰，发向后梳，额顶有饰，头上一长角形物。双掌合于胸前，肩披云状绸带，脚向后伸出，臂有镯，腕带镯，腰系丝带。整体由流云浮托，轻盈升腾，飘飘欲仙。这是此期玉飞天中不为多见的出土实物。

3. 金代玉器

金代用玉风格虽受宋代的强烈影响，但以捺钵生活为主题的虎鹿山林、鹰鹘雁鹅的春水玉和秋水玉仍是具有民族特色的制玉经典。像生造型中，除人物外，最多的就是与金人形影不离的马匹。金代玉器的考古材料相当稀少，但分布范围比辽代玉器南移更远，可至北京、陕西附近。

1958 年，吉林扶余县金代墓葬出土金扣玉带一件[209]。金扣玉带由十八块长方形光素玉銙和一块铊尾用金质铆钉连缀于马尾带上。带扣是黄金质地，中间挂佩一海螺及金环，具有明显的少数民族风格[210]。金墓出土如此完整的玉带尚属首次。

1983 年，黑龙江哈尔滨市香坊金代墓葬出土绶带衔花玉珮。玉珮呈不规则三角形，色微黄，绶带鸟展翅回首衔花状，

图四〇　黑龙江哈尔滨香坊金代墓出土绶带衔花玉珮

矢尾飘逸，与缠花连成一体，镂雕通透轻灵，温润可爱（图四〇）[211]。

1980年，北京丰台区乌古伦墓出土玉花鸟珮、"龟游"珮等[212]。"龟游"玉上，多层荷叶花苞枝蔓，卷展起伏，十分逼真，阴刻叶脉隐隐约约，富有生命，叶心上匍匐着两只小乌龟，引颈举爪，十分可爱[213]。据报道，花鸟玉珮为鹦鹉。这似有不妥。鹦鹉应是宽厚勾弯形喙，且尾部没有两根细长飘曳的矢尾。

4. 元代玉器

元代玉器在纹饰题材及功能、工艺上，呈现出强烈的游牧民族的风格。从工艺上看，元代玉器大量地吸收了前代优秀的工艺技法，如宋、金的镂雕、浮雕诸法。至中后期，逐渐发展为层次丰富、能产生突出立体感的深刀法。这是在唐宋玉器过分细腻工艺的基础上融入北方慓悍粗犷的游牧民族风格而形成的，充满力度与魄力。元代传世的北京北海团城渎山大玉海重达3500公斤，周身海马、海龙、海犀、海猪、海鹿等神兽活跃于波涛汹涌的大海中，具有较强的视觉冲击力。此期玉器造型、纹饰主要包括草原地带的花卉、秋山、鱼、虫、龟、鹅、鹦鹉、鹰、雁、鹿、马、龙等。种类有杯、带钩、环、押印、组玥及一部分仿古玉等。而炉顶是这一时期新出现的形制，虽然对它的用途至今尚有不同的看法，但其纹饰内容与工艺则是元代玉器之集大成者。另外，春水玉是此期一大特点。其主纹为天鹅、海东青和荷莲，晚期海东青消失。徐琳通过研究发现，春水玉其实都是束挂佩带上的组合零件——环扣[214]。

元代的疆域十分广阔，因此，玉器的出土情况可谓点多面广。

1960年，江苏无锡大浮乡幸福水库元代钱裕墓出土玉笔洗、带钩、椭圆形花饰、簪、羊、鱼、人、瓶、菱、桃、葫芦，圆、半圆、牌形玉饰等十九件[215]。大量动物蔬果玉器的出土是这次发现的特色。椭圆形玉花饰，以鹘攫天鹅为主题，正面镂雕荷莲、花卉为背景，中间潜入一只白天鹅，上方一只海东青飞于荷上，正回首寻觅，伺机攫捕。背面以椭圆形环衬托，表现出淳朴的山林野趣和浓郁的北国情调。玉雕在形制上比传世的金代春水玉更趋于复杂。花鸟主纹刀法潇洒有力，而天鹅羽毛等细处则用阴线刻饰，形象逼真，立体感强，是著名的元代琢玉深刀技术的典范。玉带钩，扁薄弯条形，钩尖刻一莲花，钩面有一高浮雕镂孔微卷的荷叶花茎。徐琳从纹饰主题、玉材质色及结构特征上分析认为，其应与前椭圆形玉花饰是互相套扣的带饰环扣。圆雕鳜鱼，划鳍甩尾，造型生动，是元代玉鱼的典型器。青玉桃形笔洗，以剖开的半只桃子为造型，以缠绕的枝叶作把手，集实用与艺术于一体，极具工艺价

图四一　江苏无锡元代钱裕墓出土青玉桃形笔洗

值（图四一）。

1964 年，江苏苏州盘溪小学元末吴王张士诚父母墓出土玉珰、环、组珮、带、座七件（组）[216]。其中云纹玉珰直径 2.5 厘米，出土时在女尸口中。这为我们提供了此一时段使用玉珰的罕见实例。

1952 年，上海青浦县重固镇元代任仁发家族墓出土透雕玉炉顶一件[217]。其以鹭鸟缠枝荷花为纹饰主题（图四二）。

1996 年，上海嘉定县嘉定镇法华塔元代地宫出土玉弥勒、居士、舞人、猴、鱼、鹅等七件[218]。青玉圆雕子母猴，双腿并拢蹲坐，四只小猴绕膝其间，寓意人间的天伦之乐、子孙满堂。巧色玉弥勒佛，肥头大耳，眉开眼笑。最精彩的要数乳白色圆雕玉舞人，质地莹润细腻，头戴高冠，耳上有莲瓣纹护套，面目丰腴，五官端正；身着北方少数民族圆领窄袖长裙，阴线刻出裙褶，腰束玉带，脚着尖头鞋，鞋尖上翘；上身右前

图四二　上海青浦元代任仁发家族墓出土玉炉顶

图四三　上海嘉定法华塔元代地宫出土玉舞人

倾，双膝屈立，右脚脚跟和左脚脚尖着地，右臂舒袖至左腋下，左臂上挥作翩翩起舞状。高 4.7、宽 1.8 厘米。如此精美、典型的元代玉舞人，在出土资料中极为罕见（图四三）。

（八）明清玉器

1. 明代玉器

由于皇室的重视和民间赏玉之风的盛行，使明代玉器的生产发展加快，工艺日趋完善，种类与日俱增，造型更加丰富多彩。许多玉器集鉴赏、装饰、实用为一体，形成了以后皇室用玉器大精湛、镶金嵌宝的奢华气派。如北京定陵出土的填金玉圭、金托嵌宝玉爵、镂空金盖玉碗、"玉堂万寿"玉执壶、白玉龙首嵌宝带钩、云龙金盒、白玉盂等。文人商吏用玉精彩玲珑，风格高雅。如上海翰林院大学士陆深家族墓出土的金镶玉的金丝花蕊玉梅花形、嵌宝玉观音、登仙玉女多种发簪和各式饰件及带有神秘色彩的玉刚卯与玉幻方[219]，朱守城夫妇墓出土的紫檀木白玉犬镇纸和浅浮雕精绝的蟠螭纹玉挂件等[220]。从出土情况来看，皇室用玉主要分布在京都和皇族曾经生活过的江苏、江西等地。而文人商吏用玉却较多地出现在南方（明代用玉制度尚严，京城一带皇家以外仍不能轻率用玉），如上海。

明代的琢玉工艺上承宋元，但较元代细腻，绘画情趣浓厚，且镂空特征强烈，有二至四个层次。据宋应星《天工开物》所载，已普遍使用"水凳"。玉器数量、品种增多，尤以金镶玉蝶等（图四四）镶金嵌宝类为特色。玉带使用逐渐制度化，纹饰题材极其丰富，有云龙、猴、鹿、花鸟、虫鱼等。

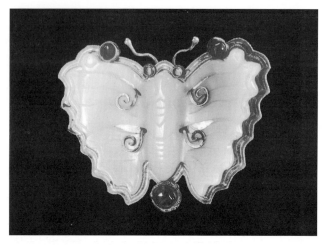

图四四　上海黄浦明代朱察卿墓出土金镶玉蝶

像生的动物果蔬应有尽有。用玉珠穿系连贯的钩、珩、瑀、璜、琚、冲牙组珮，都是皇家专用的造型，其中许多零件是用旧玉修改而成的。

1956～1958 年发掘的北京北郊昌平区天寿山下的明万历皇帝（神宗朱翊钧）陵墓，是迄今为止出土玉器数量最大、规格最高、质量最好的明代皇家墓葬。在玉器上镶嵌色艳珍贵宝石的工艺，也于此盛极一时。出土玉器的种类有玉料、容器、礼器、佩饰、服饰等[221]。

玉料的大量发现，前所未见。三十一块玉料大小不一，最大的 48 斤，最小的 1.6 斤。其上贴有纸条，并墨写"浆水玉"、"菜玉"等名称及"二斤八两"等计量文字。它们被分别放置于帝后三人的棺椁四角。

玉容器有碗、盘、壶、盂、耳杯、爵等。它们质优工精，几乎都有随器而就的用金、宝石、紫檀木等特制的盖、座、托、垫等配套器物。其中金盖托白玉碗，高7、直径15.2厘米。质细莹润，洁白无瑕。镂空金盖上顶钮莲花盛开，花芯中红宝石闪烁，盖面三层二龙戏珠腾飞。碗底一圈足形金碗托，居一大平底云龙纹金盘中心，金玉相辉。此器堪称中国玉碗中的精品。金托玉执壶，通高26.5、口径5.3厘米。子母口，细长颈，腹稍扁，椭圆形矮圈足，外倾龙首形细长流，耳形把。圆形钮，覆盆形盖，由十六节环链与把相连。腹凸桃形台面，上刻枝叶繁茂的海棠花和"寿"、"卍"字，寓意"万寿富贵"。壶底有一椭圆形金托。全器包括环链均由整块玉石雕琢而成，工艺之高，令人惊叹。金托玉爵，高11.5、径长13.2厘米。三足元宝形、蘑菇形双柱，一侧攀附玉龙，恰好容一指插入以持爵。爵面阴刻云龙纹，两龙前爪各托"万"、"寿"两字。爵下三足插坐于嵌宝山水纹金托中，居一大平底嵌宝石海水江崖云龙纹金盘中心。整个造型取意"寿山福海"，独一无二。白玉盂，腹部阴刻飞龙持灵芝纹，底有紫檀木托，出土时置于一累丝云龙戏珠海水江崖纹金盒之中。

自唐代以来，玉礼器的出土实物已经罕见。此次同时出土八件玉圭，很是宝贵。据文献记载，玉圭饰四山者，为帝王祭天地宗庙、服冕服时所用。四山指四镇名山，取安定四方之意。饰弦纹者，为帝王朔望视朝、降诏，各方朝贡、进表、朝觐、服皮弁服时所用。

玉佩饰中十一件是组珮形式，顶有金钩挂在腰带上。一种是用珠子穿起，由玉珩、滴、璜、琚、瑀、冲牙组成，上面有描金龙纹、花朵及卷云纹；一种是由嵌宝二龙戏珠纹鎏金铜提头，下坠四排上下两组玉石、水晶等。花叶间有鱼、蝉、鸡、桃、鸳鸯等饰片。另以发饰为主，如白玉镂孔寿字镶宝石金簪、镶珠宝玉花金蝶鎏金银簪、白玉累金丝镶宝石鎏金银簪、玉兔捣药金镶宝石耳坠等等，都是中国皇家出土玉器中的极品。

玉服饰则以玉带、带钩为典型。玉带共十一条，有的镶嵌宝石。多白玉磨制，唯万历尸下一条为碧玉，四周用金饰物镶嵌。带钩用翠玉、羊脂白玉制作，都雕成龙首形（图四五）。白玉龙钩，背有一椭圆形钮，额上嵌一绿宝石，眼睛用猫眼石，腹部嵌红、蓝、黄宝石四块[222]。

1970、1971 年，山东邹县九龙山明鲁荒王朱檀墓出土玉圭、笔架、带、笔、砚、印押、组珮、杯及冠服、古琴上的各种饰物[223]。其中，白玉葵花杯，高 3.2、口径 7.3 厘米。器形若一盛开的葵花，杯心凸五瓣小花，杯外镂雕折枝秋葵花枝叶构成的杯柄与杯托，是为墓中最精美的器物（图四六）。

1956 年，江苏南京牛首山弘觉寺塔地宫出土明代玉瓶、佛像二件[224]。佛像，墨玉质，全身裸露，束发披肩，竖眉瞪眼，弓步，右手托莲蓬，左手抓蒙鼠，脚下踩小鬼，底有莲花座。蒙鼠口吐五串宝珠。全像一副正气凛然、除恶务尽的生动姿态。

1970 年，江苏南京市区明东胜侯汪兴祖墓出土高浮雕云龙纹羊脂白玉带一副十四块，四块呈葵瓣形，其中二件直径 7.8 厘米，下有扁环的带扣（图四七）。铊尾二块[225]。玉带剔透玲珑，立体感强，与明代平薄的形式相去甚远，具有宋元遗风。这应与墓主为明代开国功臣，且玉带系御赐宝物有关。

1983 年，江苏南京太平门外板仓村明墓出土素面玉带一副二十块及杯、盘等[226]。椭圆海棠花瓣形盘，盘腹极浅，连底通高 0.7、长 19.5 厘米。内底中心凸一小环，与盘口齐平。全器高雅大方。八角形浅盘，宽沿上一周云雷纹，盘心凸一八

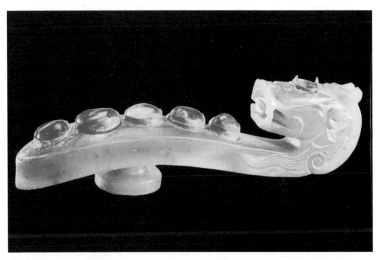

图四五 北京昌平明代定陵出土玉带钩

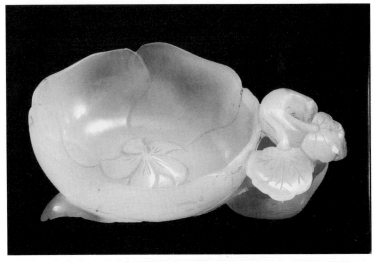

图四六 山东邹县明代鲁荒王朱檀墓出土白玉葵花杯

图四七　江苏南京明代汪兴祖墓出土玉带扣

角形框，盘底下高浮雕两条首尾呼应的蟠螭。这一具有元代风格的独角、哈叭耳、管钻眼、身体细长、有肋脊纹、花尾、后腿程式化地左收右伸的玉蟠螭形象，对传世或无据蟠螭纹玉器的判定意义很大。白玉杯，八边形，口沿刻一周回纹，两侧各以圆雕双童攀树造型为把手，背面还有一提篮童子，造型生动，构思独特。而杯上特征强烈的回纹和童子的姿态、衣着、面相及使用的刀法，为判定器物的年代提供了清晰的参考。

1954年，江苏吴县五峰山明墓出土金蝉玉叶一件。金蝉长2.4厘米，玉叶长5.1厘米。这是一件用两种材料复合设计的、工艺一流的精品。在一透明逼真的玉叶上栖息着一只形神毕肖、光芒闪烁的金蝉，令人有如闻蝉鸣、如临酷暑之感[227]。

1976年，江苏无锡杨名乡明顾林墓出土玉璏、带头、龙纹珮、工字珮、扁圈、簪、人鹿纹珮、镶金嵌宝玉蝴蝶十件[228]。勾云兽面纹玉璏，从材质、工艺上判断，应是汉代遗物。一端因残磨出一扁孔，改为提携。透雕龙纹珮一对，立体感较强，且外圈以竹节为缘。龙张口挺胸，曲身掉尾，颇有宋代遗风。云纹工字珮，是迄今所见唯一的纪年墓出土物。由于其用途未定，它的出土具有一定意义。镶金嵌宝玉蝴蝶，玉翅轻扇，金须颤颤，金玉相辉，流光溢彩，是明代金属工艺与玉石工艺结合的成功之作。另蛋圆形人鹿纹玉珮，中立一男子，右手抚鹿背，左手指鹿头，若有所语。左边立一童子。玉珮底部刻有缠枝花纹，两侧至顶为典型的唐代花蕊纹。图纹由浅浮雕突出主题，用阴线刻出人物五官、头发、衣褶及花脉、鹿毛等细部。较为特别的是，作者将正面图案的背后形象琢刻于玉珮的反面，增强了器物整体的空间感。

1993年，上海肇嘉浜路打浦桥明顾姓族葬地出土一批档次很高的玉器。其中顾东川夫妇合葬墓共出玉鸟（图四八）、童子、额带、飞天和各种与银质鎏金器、紫檀插屏配伍的玉器二十八件[229]。白玉镂雕孔雀牡丹纹嵌饰，有亚字形托底，长5.6厘米。在层次感、立体感十分强烈的花鸟纹旁另有湖石、灵芝衬托。从深刀工艺的风格和亚字托底的形制上观察，此器

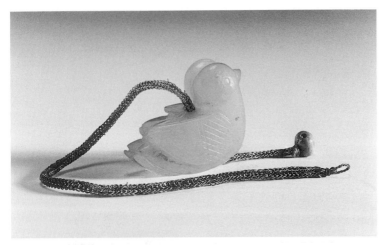

图四八　上海打浦桥明代顾东川夫妇合葬墓出土玉鸟

应是元代遗物。现被镶嵌于紫檀托屏上，作为案头摆设，朴实
雅致。其原始用途应是环扣带饰。白玉镂雕花卉绶带纹饰，镶
嵌于银质鎏金透雕嵌宝心形的霞帔坠上。外有圆形托底，直径
4 厘米。高浮雕花鸟纹，枝叶穿插交织，亦是元代风格。出土
时置于死者胸前。白玉飞天一对，长 5.7、宽 3.5 厘米。飞天
头戴宝冠，袒上身，裸双臂，腕部套镯，双手托花，腰间束
带，下着长裙。裙摆裹足，向一侧飘转，呈尖锥形。披帛飘缠
于身后，并与身下雕琢卷云纹相连，外围呈有脚云形。由于汉
族地区出土玉飞天仅此一对，因此极具标本价值。而且其出土
时被固定于 8 厘米长的银插上，并对称地置于鬓发间。据此可
以判定，玉飞天的用途是作发饰使用。额带饰玉十七片，全部
用金片托底缝缀于一块花边弯弧形的白色土布上。嵌宝团龙置
于前额正中，其余依次为透雕金龙嵌宝荷叶水草纹玉饰、嵌宝
透雕凤纹玉饰、透雕雁衔草纹玉饰、透雕牡丹纹玉饰、嵌宝圆

雕三足蟾玉饰、菱形玉饰、透雕蟠螭纹玉饰、透雕梅花纹玉饰两两对称地排列于额带上。这件玉饰额带是明墓中的首见物，其缝缀形式对于出土、传世玉花片用途的认定具有一定的参考价值。白玉圆雕执杖童子，有褐色沁斑，高 5 厘米。童子作行走状。头大，约占身长的三分之一。后脑平滑，前留一撮头发。耳呈不规则块状。眼眶较大，阴线深刻，眼珠用横线表示。鼻和小嘴则用直线刻成楔形。左手执杖。身穿素圆领对襟衫，腰束带，圆下摆长至膝盖处。肥裤露足。衣褶纹理用斜刀表现。头顶有一象鼻穿，出土时系绳佩于死者胸前。白玉圆雕执荷童子，高 5.2 厘米。其形制基本同前，唯左臂高举，手执莲梗，莲荷弯垂紧贴于背上。玉童中贯通天穿，出土时作扇坠系挂于一折扇上。这为同类童子的用途提供了直接的依据。

顾叙夫妇墓出土螭纹蘑菇头白玉簪和白玉严卯二件。玉簪上的猫耳、楔形鼻、三角眼螭纹，是明代典型的蟠螭格式。四面体白玉严卯阴刻篆书"疾日严卯，帝令夔化，慎尔固伏，化慈灵殳，既正既直，既觚既方，赤疫刚瘅，莫我敢当"三十二字。与前出汉严卯相比较，可以肯定两者为同时代遗物。这也是明墓出土的第二例汉严卯。

另一女性墓已遭破坏，出土青玉圆雕卧童一件。长 6 厘米。童子身体横卧，浮肿状贝形眼，额头一撮缨发。身穿对襟衫，贴身肚兜，肥裤。左手抚脑后，右手前伸，左腿交右小腿，童趣十足。

1966 年，上海宝山县顾村公社秦江大队明朱守城夫妇墓出土嵌白玉卧犬紫檀木镇纸、鎏金嵌玉人物饰件、鎏金嵌玉石榴形饰件、镶云纹白玉球剑柄及砚、笔、簪、耳勺、挂饰十一件[230]。嵌白玉卧犬紫檀木镇纸，长 28、宽 2.8、高 3.4 厘米。

图四九　上海宝山明代朱守诚夫妇墓出土嵌白玉卧犬紫檀木镇纸（局部）

尺形红木方整规矩，朴拙沉稳。器周脊线磨出小斜面，捏握使用无刺勒感。其上嵌饰的俯卧状白玉犬，长吻窄头，细腰长脚，双耳耷拉，头置于交叉的前腿上，长尾自然盘垂，活现出一幅正在冬日和煦阳光下眯眼休憩、悠闲自得的看门狗形象（图四九）。关于镇纸，至少于宋代已有文献记载。不过这种以尺形、规矩、沉稳的红木为座，以生动的白玉雕小动物为点缀而作成的镇纸，则是明代人的成功创造。白玉挂饰，扁薄长方形，两面浅浮雕蟠螭纹，四侧面刻变体云纹，上端有半环形孔供系挂。质地晶莹，纹饰疏密有致，主题突出，琢磨精细。由于这件出土玉饰上的蟠螭纹具有强烈的时代特征，使其成为一件不可多得的明代标准器。白玉司南珮，两节形。由于这一器形始见于汉代，且全国明墓出土仅此一件，因此对其时代的认定及用途的推测极具价值。

　　1969 年，上海浦东陆家嘴明名门士族陆深及子陆楫夫妇墓出土金镶玉发簪、金镶玉饰件、玉发冠、插扦、珠、扣、挂饰、戒指、蝉、鱼、童子、严卯、璧、幻方等六十件[231]。金镶玉发簪，有金丝花蕊玉梅花形、嵌宝玉观音（图五〇）、登仙玉女、嵌宝玉蟠螭多种。金镶玉饰，有镶玉鱼、莲、葫芦、蝶和"寿"字形。玉簪，顶端造型很多，有蘑菇头、花苞形、六棱形、圆锥形、麒麟形，也有在簪体上阴刻"寿比南山，福如东海"的空心字。玉蝉，洁白细腻，通体光润晶莹，身躯、嘴、眼、翅轮廓清晰，线条简练刚劲。其工艺、题材及风格绝非明代，应是汉代遗珍。另墓中所出玉严卯、幻方值得一提。严卯，中有贯孔，四面各有八个字。字体方折，笔划僵直且有漏锋，复笔有毛道。刻文为"疾日严卯，帝令夔化，慎玺（尔）固伏，化慈灵殳，既正既直，既觚既方，庶疫刚瘅，

图五〇　上海浦东明代陆深家族墓出土嵌宝玉观音发簪

图五一　　上海浦东明代陆深家族墓出土玉严卯

莫我敢当"。另两件一为长方形（图五一），一为八棱柱形，均刻标准小篆体，文字规整，笔划圆润。刻文与前相比，个别字如"慎"作"顺"，"化"作"伏"，"夔"作"尊"，"疫"作"使"等。报告依清人段玉裁《说文叙》注中指出"汉之刚卯"属"殳书之类"及徐锴在《说文系传》中提到"殳书"是"随事立制的，同于图画，非文字之常也"研究认为，严卯"刻工草率急就的当是汉代遗物"，而"铭刻标准小篆体的刚卯是后世仿制的伪品"。幻方，长方形，四四纵横分成十六格，内刻阿拉伯数码。由于幻方上每两个相同符号之和均成三十四，带有一定的神秘性，应是伊斯兰教徒佩以护身的信念物。此器长3.6、通高3.5、厚0.75厘米，是目前所知全国仅见的一件出土实物（图五二）。据资料报道，早年元代安西王府曾出土过铁幻方。经过比较，两者字形基本相同。

1979年，江西南城县岳口公社游家巷大队明益宣王朱翊钦夫妇墓出土一批玉器[232]，有玉带、珮、猪、鸳鸯、圭，另有戒指，鸳鸯、蜜蜂形花扣、珍珠嵌宝金耳坠。此墓最精彩的一件为金发箍。底板以4.5厘米宽金叶镂雕成卷云状，两端备有宽紧结扎带。九块金叶锤压成九座神龛，镶嵌于底板上，龛内各镶嵌玉雕佛像一尊，皆为羊脂白玉。其中一尊神像略大，手柱拐杖，长须垂胸，应为"寿星"；余八尊略小，似为"八仙"。全器共镶嵌红宝石二十七颗。

图五二　上海浦东明代陆深家族墓出土玉幻方（正、背面）

2. 清代玉器

清代玉器在前朝的基础上又增加了瓴管等新品种。此期玉器崇尚巨制大作，不少玉山子形体庞大，重量多在千斤以上。如有名的会昌九老图、秋山行旅图及采药图、采玉图、观瀑图、赤壁图等。而"大禹治水图"玉山子，高 224 厘米，宽 96 厘米，重达 5300 多公斤，是世界上最大的玉雕作品。上面重峦叠嶂、流水飞瀑、树木森森，在陡峭峥嵘的悬崖间，成群结队的劳动人民挥镐抡锤、提石打桩，活现出当年百万民众在大禹的统帅下疏导江流、改造河山的壮观场面。

李久芳将清代玉器基本分为仿古型、创新型和外来文化影响型[233]，这是比较贴切的。玉鼎、炉（图五三）等仿古彝器

图五三　广西灌阳清代何如谨墓出土白玉炉

质量之精、造型之美，前所未见。创新型的蔬果、动物、风景仕女，无不惟妙惟肖，栩栩如生。而外来型玉器，受西洋建筑花饰影响，红蓝宝石色彩跳跃，图案规矩，成为难得一见的中西结合的佳作。

此外，清代一度国力强盛，版图辽阔，使西部的玉路十分畅通。据记载，乾隆二十五年（公元 1760 年）至嘉庆十七年（公元 1812 年）共五十二年间，清代宫廷所收新疆贡玉就达 20 多万斤。这为清代玉器走向鼎盛奠定了必要的物质条件。更由于南北方风格迥异的琢玉技艺的融汇升华，使清代玉器在造型设计和用途领域上几乎达到了无所不能的程度，凤形玉珮（图五四）即为其中的代表。但玉器的制作工艺较为繁琐，使一些本应精绝的作品，都留下了或多或少的缺憾。

清代距今紧近，大量玉器都以传世的形式留存下来，考古出土资料相当稀少。这与以前历代玉器资料绝大部分出自地下有着根本的区别。出土玉器大多是玉带、带钩、发冠、笄、扳指、朝珠等，其中许多还是前朝的遗珍。

1962 年，北京西郊小西天北京师范大学发现的清墓出土一批玉器[234]。墓主黑舍里氏为七岁幼女，父辈为清廷大学士一品官索额图。他见多识广，且居官贪黩，收藏了大量珍宝。其中用于此墓随葬品的玉器有瓶、笔、杯、洗、砚、古琴、水滴、桌、璧、带钩、香铲、筷及鹿、狮、雕花白玉饰等二十一件。除第一次出现的青玉古琴、雕花镂空琢刻龙纹带帽玉笔、白玉石桌、青玉金箍香铲及香筷外，专家认为，"玉器中以雕花玉壶和雕花玉杯为最佳，都是明代制作的，尤其是雕花玉杯，把上有'子冈'款，更为珍贵……白玉的肿骨鹿，经鉴定，可能是唐代的制品。玉珮和玉带扣，皆是明代遗留下来的"。

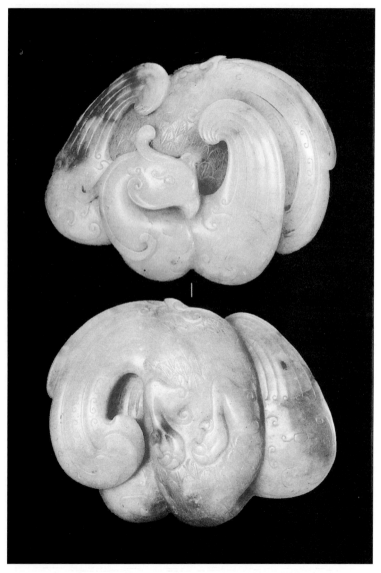

图五四　安徽宿县出土清代凤形玉珮（正、背面）

雕花玉壶，即简报中的白玉水滴，后又有较完整的名称，为白玉云鹤纹小壶。直流，龙形把，圆身，弧肩，折腹，平底附三水涡纹足。肩部对称凸起两个兽面，之间琢仙鹤。腹部满饰水波纹，二尾鲤鱼跃出水面。盖上有一圆雕立鸟。雕花玉杯，即简报中的白玉杯，后又称青玉环把有盖樽。此器直筒腹，平底附三兽首形足。盖上有水涡纹平顶钮。盖面刻兽面及云龙纹，并等距离琢三只圆雕昂首卧狮。器表勾云纹为地，隐起图案化螭虎凤鸟纹。一侧附象首环形把，上"子冈"款系剔地阳文篆书。此杯虽经入土，但仍光亮鉴人，是迄今所知"子冈"款出土玉器中极为难得的一件。白玉肿骨鹿，即简报中的青玉卧鹿，后被沿用。可能是唐代的制品，后又被定为北宋。因角近似肿骨鹿角，有识其为肿骨鹿的。但从角上阴刻细线茸毛纹看，鹿角不应如此。也有学者认为角若灵芝状，应该就是中药界所称的"珍珠盘"。此鹿抬首前视，四足收于腹下。整器没有强烈的刀工痕迹，都以隐起状的琢磨技术恰到好处地塑造出一头卧鹿的饱满肌理和温顺跪卧的姿态。玉珮，即简报中的碧玉珮和白玉珮两件，说是明代遗物。后又被称为玉鸡心珮，定为与墓葬同期的清康熙时物。白玉鸡心珮琢刻通体浮雕流云纹，碧玉鸡心珮则为螭云纹和鸳鸯戏水纹。该器形仿自汉代。但相比之下，这两件的工艺纹样过于复杂繁琐，有一种甜腻的感觉。另有一件雕花白玉饰，后被称作白玉凌霄花嵌饰，时代也被前推至元代。此器采用镂孔高浮雕的技法，正面为四朵交叉盛开的凌霄花，花瓣肥厚卷转，洁白无瑕。

1968 年，江苏扬州邗江县公道村柏树庄清阮元侧室唐氏墓出土玉枢和仕女白玉牌二件[235]。玉枢，为缅甸产紫罗蓝翡翠，片状腰圆形。长 20、宽 7.9、厚 1.5 厘米。正、背面分别

阴刻"宫保阮公侧室唐安人之枢"和"安人吴县人，以道光
十二年二月四日卒于滇，得年四十有五，孙，恩光"。报告认
为，以翡翠作成古人枢记未见先例，颇有研究价值。

1970 年，江苏吴县灵岩山清毕沅墓出土翡翠朝珠、玉带、
三孔刀、仿古斧、冠、笄、熊、扳指等[236]。三孔玉刀，矮梯
形，似新石器时代晚期文物，应是墓主珍藏的古董。翡翠朝
珠，由一百零八颗色泽相同、大小一致的翠绿色翡翠珠与四颗
稍大的嫩红色碧玺球间隔，下垂嵌宝鎏金花片、碧玺坠饰组
成，红绿相映，鲜亮润泽，是我国出土资料中罕见的翡翠珍
品。玉带，长 180 厘米，用二块铊尾和十八块桃形、长方形玉

图五五　上海静安夫妇合葬清墓出土八卦纹圆钮玉镜

铆固定于裹黄绸的革带上。透雕纹样有寿字、寿桃枝叶及仙鹤、蝙蝠、鹿等祥瑞动物，寓意福、禄、寿。据统计，仅寿字就有九十八个，动物有四十四个。在寿字及动物上用红褐色玛瑙镶嵌。这件玉带工艺精湛，质地上乘，但制作繁琐呆板，显现出清代玉器风格上的典型弊端。

　　1980 年，上海静安区陕西北路一夫妇合葬清墓出土玉镜、珮、带钩、扳指五件[237]。数量不多，但件件是精品。八卦纹圆钮玉镜，直径 7.8、厚 0.8 厘米。出土资料前所未见（图五五）。玉珮，出廓璧形，长 5.8 厘米。外环内沿与珮心外沿凹凸榫合，可自由转动。廓外凸云纹中留一扁孔供系挂，珮心透雕成双龙戏珠纹。珮心翻转，龙腾云舞，匠心独具。镂孔圆雕双鹅戏莲珮，鹅体肥大，回首曲颈作衔莲状。鹅冠与莲子俏色。玉扳指，一周雕八骏马，线条光滑、柔和，刻画认真，十分生动。龙首带钩，玉质晶莹，碾磨抛光工艺精细。其虾米眼、凹鼻梁、透雕舌及钩背上身高浮，是清代龙钩的典型造型。

注　释

[1] 辽宁省文物考古研究所《辽宁阜新县查海遗址 1989—1990 年三次发掘》，《文物》1994 年第 11 期。

[2] 中国社会科学院考古研究所内蒙古工作队《内蒙古敖汉旗兴隆洼聚落遗址1992 年发掘简报》，《考古》1997 年第 1 期。

[3] 浙江省文物管理委员会等《河姆渡遗址第一期发掘报告》，《考古学报》1978 年第 1 期。

[4] 杨亚长《陕西史前玉器的发现与初步研究》，《东亚玉器》Ⅰ第 208 ~ 215页，（香港）中国考古艺术研究中心 1998 年版。

[5] 同［3］。

［6］罗家角考古队《桐乡县罗家角遗址发掘报告》，《浙江省文物考古研究所学刊》第1～53页，文物出版社1981年版。

［7］上海市文物保管委员会《崧泽》第27、35～37页，文物出版社1987年版。

［8］南京博物院《1989年江苏新沂花厅遗址的发掘》，《东方文明之光》第80～119页，海南国际新闻出版中心1996年版。

［9］南京博物院《江苏海安青墩遗址》，《考古学报》1983年第2期。

［10］南京博物院《江苏武进寺墩遗址的试掘》，《考古》1981年第3期；《1982年江苏常州武进寺墩遗址的发掘》，《考古》1984年第2期；汪遵国《良渚文化"玉敛葬"述略》，《文物》1984年第2期；江苏省寺墩考古队《江苏武进寺墩遗址第四、第五次发掘》，《东方文明之光》第42～56页，海南国际新闻出版中心1996年版；陈丽华《常州市博物馆收藏的良渚文化玉器》，《东方文明之光》第57～66页，海南国际新闻出版中心1996年版。

［11］车广锦《玉琮与寺墩遗址》，《东方文明之光》第371～373页，海南国际新闻出版中心1996年版。

［12］南京博物院《江苏吴县草鞋山遗址》，《文物资料丛刊》(3)，1980年。

［13］黄宣佩《福泉山——新石器时代遗址发掘报告》第28、29，76～96页，文物出版社2000年版。

［14］施昕更《良渚》第40页，浙江教育厅1938年版。

［15］浙江省文物考古研究所反山考古队《浙江余杭反山良渚墓地发掘简报》，《文物》1988年第1期。

［16］浙江省文物考古研究所《余杭瑶山良渚文化祭坛遗址发掘简报》，《文物》1988年第1期。

［17］屠燕治《试论良渚玉璧在货币文化中的历史地位》，《良渚文化玉璧研究论文集》第28～46页，南宋钱币博物馆1999年版。

［18］王海明等《遂昌好川发现良渚文化大型墓地》，《中国文物报》1997年10月19日。

［19］南京博物院《北阴阳营》第73～78页，文物出版社1993年版。

［20］罗宗真《南京北阴阳营新石器时代遗址出土玉器初步研究》，《东亚玉器》Ⅰ第229～240页，(香港)中国考古艺术研究中心1998年版。

［21］江苏南京营盘山玉璜，参见中国玉器全集编辑委员会《中国玉器全集》(原始社会)第238页，河北美术出版社1992年版。

［22］安徽省文物工作队《潜山薛家岗新石器时代遗址》，《考古学报》1982年第3期。

［23］ 张敬国《安徽含山凌家滩新石器时代墓地第二次发掘主要收获》，《文物研究》第 7 期，1991 年。

［24］ 安徽省文物考古研究所等《安徽含山凌家滩遗址第三次发掘简报》，《考古》1999 年第 11 期。

［25］ 张敬国等《凌家滩发现我国最早红陶块铺装大型广场》，《中国文物报》2000 年 12 月 24 日。

［26］ 安徽省文物考古研究所《安徽含山凌家滩新石器时代墓地发掘简报》，《文物》1989 年第 4 期。

［27］ 田明利《凌家滩墓地玉器渊源探寻》，《东南文化》1999 年第 5 期。

［28］ 四川巫山大溪文化人面纹玉珮，参见中国玉器全集编辑委员会《中国玉器全集》（原始社会）第 245 页，河北美术出版社 1992 年版。

［29］ 湖南澧县三元官村屈家岭文化小玉锛，参见中国玉器全集编辑委员会《中国玉器全集》（原始社会）第 246 页，河北美术出版社 1992 年版。

［30］ 张绪球《石家河文化玉器的发现及研究》，《传世古玉辨伪与鉴考》第 114 ～125 页，紫禁城出版社 1998 年版。

［31］ 湖南省文物考古研究所等《澧县孙家岗新石器时代墓群发掘简报》，《文物》2000 年第 12 期。

［32］ 何介钧《湖南史前玉器》，《东亚玉器》Ⅰ第 222 ～227 页，（香港）中国考古艺术研究中心 1998 年版。

［33］ 湖北省文物考古研究所等《湖北石家河罗家柏岭新石器时代遗址》，《考古学报》1994 年第 2 期。

［34］ 湖北省荆州博物馆《肖家屋脊》第 314 ～337 页，文物出版社 1999 年版。

［35］ 荆州地区博物馆等《钟祥六合遗址》，《江汉考古》1987 年第 2 期。

［36］ 同［4］。

［37］ 江苏大墩子大汶口文化玉斧，参见中国玉器全集编辑委员会《中国玉器全集》（原始社会）第 227 页，河北美术出版社 1992 年版。

［38］ 中国社会科学院考古研究所《山东胶县三里河》第 42 ～45 页，文物出版社 1988 年版。

［39］ 姬乃军《延安芦山峁龙山文化玉器》，《考古与文物》1988 年第 5、6 期合刊。

［40］ 戴应新《神木石峁龙山文化玉器》，《考古与文物》1988 年第 5、6 期合刊。

［41］ 邓淑苹《晋、陕出土东夷玉器的启示》，《考古与文物》1999 年第 5 期。

［42］ 刘敦愿《日照两城镇龙山文化遗址调查》，《考古学报》1958 年第 1 期；刘

敦愿《有关日照两城镇玉坑玉器的资料》,《考古》1988 年第 2 期。

[43] 王洪明《山东省海阳县史前遗址调查》,《考古》1985 年第 12 期。

[44] 中国社会科学院考古研究所山西工作队等《山西襄汾陶寺遗址发掘简报》,《考古》1980 年第 1 期。

[45] 高炜《陶寺文化玉器及相关问题》,《东亚玉器》Ⅰ第 192～200 页,(香港)中国考古艺术研究中心 1998 年版。

[46] 叶茂林《黄河上游新石器时代玉器初步研究》,《东亚玉器》Ⅰ第 181～183 页,(香港)中国考古艺术研究中心 1998 年版。

[47] 甘肃省博物馆等《甘肃秦安大地湾新石器时代早期遗存》,《文物》1981 年第 4 期;甘肃省文物工作队《甘肃秦安大地湾第九区发掘简报》,《文物》1983 年第 11 期。

[48] 黄宣佩《齐家文化玉礼器》,《东亚玉器》Ⅰ第 184～191 页,(香港)中国考古艺术研究中心 1998 年版。

[49] 宁夏回族自治区文化厅《大黄河·オルドス秘宝展》第 100 页,NHK1992 年版。

[50] [日]鸟居龙藏《蒙古旅行》第 12、13 页,明治四十四年刊。参见东亚考古学会《赤峰红山后》第 1～3 号,1938 年版。

[51] 吕遵谔《内蒙赤峰红山考古调查报告》,《考古学报》1958 年第 3 期;周晓晶《辽东半岛地区新石器时代玉器的初步研究》,《北方文物》1999 年第 1 期。

[52] 辽宁省文物考古研究所《牛河梁红山文化遗址与玉器精粹》,文物出版社 1997 年版。

[53] 翁牛特旗文化馆《内蒙古翁牛特旗三星他拉村发现玉龙》,《文物》1984 年第 6 期。

[54] 同[21]。

[55] 方殿春等《辽宁阜新胡头沟红山文化玉器墓的发现》,《文物》1984 年第 6 期。

[56] 李恭笃《辽宁凌源县三官甸子城子山遗址试掘报告》,《考古》1986 年第 6 期。

[57] 辽宁省文物考古研究所《牛河梁红山文化遗址与玉器精粹》图 41,文物出版社 1997 年版。

[58] 郭大顺《红山文化玉器特征及其社会文化意义再认识》,《东亚玉器》Ⅰ第 143 页,(香港)中国考古艺术研究中心 1998 年版。

［59］巴林右旗博物馆《内蒙古巴林右旗锡本包楞出土玉器》，《考古》1996 年第 2 期。

［60］同［1］。

［61］吉林大学考古研究室《农安左家山新石器时代遗址》，《考古学报》1989 年第 2 期；赵宾福《吉林省出土的史前玉器及相关问题》，《东亚玉器》Ⅰ第 165～170 页，（香港）中国考古艺术研究中心 1998 年版。

［62］黑龙江省文物考古工作队《密山县新开流遗址》，《考古学报》1979 年第 4 期。

［63］周晓晶《辽东半岛地区新石器时代玉器的初步研究》，《北方文物》1999 年第 1 期。

［64］中国社会科学院考古研究所《大甸子》第 156～179 页，科学出版社 1996 年版。

［65］杨式挺《广东史前玉石器初探》，《东亚玉器》Ⅰ第 304～315 页，（香港）中国考古艺术研究中心 1998 年版。

［66］杨少祥等《广东海丰县发现玉琮和青铜兵器》，《考古》1990 年第 8 期。

［67］马鸿斌《石史悠古造化沧桑》，《中国文物世界》第 150 期，1998 年；广西文物管理委员会《广西出土文物》，文物出版社 1978 年版。

［68］王炳华《新疆所见玉器暨研究》，《东亚玉器》Ⅰ第 171～179 页，（香港）中国考古艺术研究中心 1998 年版。

［69］文化部文物局等《全国出土文物珍品选》（1976～1984）图 114～116，文物出版社 1987 年版。

［70］中国社会科学院考古研究所等《拉萨曲贡》第 118、119 页，中国大百科全书出版社 1999 年版。

［71］陈仲玉《台湾史前的玉器工业》，《东亚玉器》Ⅰ第 336～349 页，（香港）中国考古艺术研究中心 1998 年版

［72］陈志达《夏商玉器概述》，《中国玉器全集》（商—西周）第 2、3 页，河北美术出版社 1993 年版。

［73］中国社会科学院考古研究所《殷墟妇好墓》第 114～195 页，文物出版社 1980 年版。

［74］同上第 232 页。

［75］四川省文物考古研究所《三星堆祭祀坑》第 61～120、354 页，文物出版社 1990 年版；四川省文物管理委员会等《广汉三星堆遗址一号祭祀坑发掘简报》，《文物》1987 年第 10 期；《广汉三星堆遗址二号祭祀坑发掘简报》，

《文物》1989 年第 5 期。

[76] 江西省文物考古研究所等《新干商代大墓》第 141 ~ 159 页，文物出版社 1997 年版。

[77] 中国社会科学院考古研究所安阳工作队《安阳小屯村北的两座殷代墓》，《考古学报》1981 年第 4 期。

[78] 新郑县文化馆《河南新郑县望京楼出土的铜器和玉器》，《考古》1981 年第 6 期。

[79] 郭宝钧《浚县辛村》第 63 ~ 66 页，科学出版社 1964 年版。

[80] 河南省文物研究所等《三门峡上村岭虢国墓地 M2001 发掘简报》，《华夏考古》1992 年第 3 期；《上村岭虢国墓地 M2006 的清理》，《文物》1995 年第 1 期；《三门峡虢国墓地 M2010 的清理》，《文物》2000 年第 12 期；《三门峡虢国墓地 M2013 的发掘清理》，《文物》2000 年第 12 期。

[81] 三门峡市文物工作队《三门峡市花园北街发现一座西周墓葬》，《文物》1999 年第 11 期；姜涛等《虢国墓地出土玉器的认识与研究》，《东亚玉器》Ⅱ第 47 ~ 65 页，（香港）中国考古艺术研究中心 1998 年版。

[82] 中国社会科学院考古研究所沣镐工作队《1984—1985 年沣西西周遗址、墓葬发掘报告》，《考古》1987 年第 1 期。

[83] 湖北省荆州博物馆等《肖家屋脊》（下）彩版一，文物出版社 1999 年版。

[84] 卢连成《宝鸡强国墓地》，文物出版社 1988 年版。

[85] 宝鸡市考古队等《宝鸡县阳平镇高庙村西周墓群》，《考古与文物》1996 年第 3 期。

[86] 德州行署文化局文物组等《山东济阳刘台子西周早期墓发掘简报》，《文物》1981 年第 9 期。

[87] 山西省考古研究所等《天马—曲村遗址北赵晋侯墓地第二次发掘》，《文物》1994 年第 1 期；《天马—曲村遗址北赵晋侯墓地第四次发掘》，《文物》1994 年第 8 期；北京大学考古学系等《天马—曲村遗址北赵晋侯墓地第五次发掘》，《文物》1995 年第 7 期。

[88] 石从枝《河北邢台市出土一件嵌青铜兽首玉戈》，《文物》1997 年第 11 期。

[89] 刘云辉《西汉墓葬中出土的秦式玉器》，（台湾）《故宫文物月刊》第 195 期，1999 年。

[90] 河南省博物馆等《河南淅川县下寺一号墓发掘简报》，《考古》1981 年第 2 期。

[91] 贾峨《春秋战国时代玉器综探》，《中国玉器全集》（春秋—战国）图 22，

河北美术出版社 1993 年版。

［92］中国社会科学院考古研究所洛阳唐城工作队《洛阳凯旋路南东周墓发掘报告》，《考古学报》2000 年第 3 期。

［93］河南信阳地区文管会等《春秋早期黄君孟夫妇墓发掘报告》，《考古》1984 年第 4 期。

［94］浙江省文物考古研究所等《浙江绍兴印山大墓发掘简报》，《文物》1999 年第 11 期。

［95］南京博物院《江苏六合程桥二号东周墓》，《考古》1974 年第 2 期。

［96］吴县文物管理委员会《江苏吴县春秋吴国玉器窖藏》，《文物》1988 年第 11 期；姚勤德、龚金元《吴国王室玉器》，上海人民美术出版社 1996 年版。

［97］山西省考古研究所等《太原晋国赵卿墓》第 138～150 页，文物出版社 1996 年版。

［98］中国科学院考古研究所《辉县发掘报告》第 44、45、77、78、80、81、82、94、119、120、133 页，科学出版社 1956 年版。

［99］冯汉骥《论南唐二陵中的玉册》，《考古通讯》1958 年第 9 期。

［100］考古研究所洛阳发掘队《洛阳西郊一号战国墓发掘记》，《考古》1959 年第 12 期。

［101］洛阳市第二文物工作队《洛阳道北战国墓》，《文物》1996 年第 7 期。

［102］王炬《洛阳发掘两座大型战国古墓》，《中国文物报》1999 年 9 月 19 日。

［103］河南省文物研究所《信阳楚墓》第 61～63 页；图版六二、六三：1；彩版六：3；文物出版社 1986 年版。

［104］河北省文物研究所《譽墓—战国中山国国王之墓》第 165～240、454～460、469～472、477、478、486、492、496 页，文物出版社 1995 年版。

［105］湖北省荆州地区博物馆《江陵天星观一号楚墓》，《考古学报》1982 年第 1 期。

［106］湖北省荆州地区博物馆《江陵马山一号楚墓》第 91 页，文物出版社 1985 年版。

［107］湖北省荆州博物馆《湖北省荆州秦家山二号墓清理简报》，《文物》1999 年第 4 期。

［108］湖北省博物馆《曾侯乙墓》第 399～431 页，文物出版社 1989 年版。

［109］浙江省文物管理委员会等《绍兴 306 号战国墓发掘简报》，《文物》1984 年第 1 期。

［110］上海市文物保管委员会《上海青浦重固战国墓》，《考古》1988 年第 8 期。

[111] 杨鸠霞《长丰战国晚期楚墓》,《文物研究》1988 年第 4 期。

[112] 山东省文物考古研究所等《曲阜鲁国故城》第 160 ~ 178 页,齐鲁书社 1982 年版。

[113] 吉昆璋等《山西曲沃望绛墓地去年发掘获新成果》,《中国文物报》2000 年 1 月 26 日。

[114] 卢兆荫《秦·汉—南北朝玉器述要》,《中国玉器全集》(秦汉—南北朝) 第 3 页,河北美术出版社 1993 年版。

[115] 同上图 7。

[116] 烟台市博物馆《烟台市芝罘岛发现一批文物》,《文物》1976 年第 8 期。

[117] 秦造垣《大玉璧》,《考古与文物》1999 年第 2 期。

[118] 咸阳市博物馆《咸阳市近年发现的一批秦汉遗物》,《考古》1973 年第 3 期;吴英《中华人民共和国赴日汉唐文物展览简介》,《文物》1979 年第 1 期;张子波《咸阳市新庄出土的四件汉代玉雕器》《文物》1979 年第 2 期;咸阳市博物馆李宏涛等《元帝渭陵调查记》,《考古与文物》1980 年第 1 期,图版陆、柒;玉仙人御神马、辟邪、鹰、熊彩版参见中国美术全集编辑委员会《中国美术全集》(玉器) 图 147、148、150、151,文物出版社 1986 年版。

[119] 中国美术全集编辑委员会《中国美术全集》(玉器) 图 135 ~ 137,文物出版社 1986 年版。

[120] 秦波《西汉皇后玉玺甘露二年铜方炉的发现》,《文物》1973 年第 6 期。

[121] 王志杰等《汉茂陵及其陪葬冢附近新发现的重要文物》,《文物》1976 年第 7 期;朱捷元《茂陵发现的西汉四神纹玉铺首》,《考古与文物》1986 年第 3 期。

[122] 广州西汉南越王墓博物馆《南越王墓玉器》,香港中文大学文物馆求知雅集·两木出版社 1991 年版;广州市文物管理委员会等《西汉南越王墓》第 33 ~ 35、64 ~ 65、117 ~ 129、149 ~ 158、179 ~ 206、240 ~ 249、268 ~ 269、359 ~ 379 页,文物出版社 1991 年版。

[123] 连云港市博物馆《江苏东海县尹湾汉墓群发掘简报》,《文物》1996 年第 8 期。

[124] 南京博物院《江苏涟水三里墩西汉墓》,《考古》1973 年第 2 期。

[125] 殷志强《古玉至美》图 152,(台湾) 艺术图书公司 1993 年版。

[126] 同上图 156。

[127] 徐州博物馆《徐州市东郊陶楼汉墓清理报告》,《考古》1993 年第 1 期。

[128] 狮子山楚王陵考古发掘队《徐州狮子山西汉楚王陵发掘简报》，《文物》1998 年第 8 期；韦正等《江苏徐州狮子山西汉墓的发掘与收获》，《考古》1998 年第 8 期。

[129] 扬州博物馆《扬州西汉"妾莫书"木椁墓》，《文物》1980 年第 12 期。

[130] 南京博物院《江苏邗江甘泉二号汉墓》，《文物》1981 年第 11 期。

[131] 扬州博物馆《江苏邗江县甘泉老虎墩汉墓》，《文物》1991 年第 10 期。

[132] 同〔125〕图 50、219。

[133] 亳县博物馆《亳县凤凰台一号汉墓清理简报》，《考古》1974 年第 3 期。

[134] 刘海超《阜阳博物馆藏品简介》，《文物天地》2000 年第 1 期。

[135] 隆尧县文物保管所《河北隆尧县出土刻花贴金玉片》，《文物》1992 年第 4 期。

[136] 定县博物馆《河北定县 43 号汉墓发掘简报》，《文物》1973 年第 11 期。

[137] 中国社会科学院考古研究所等《满城汉墓发掘报告》第 36～37、133～143、234～246、293～298、344～357 页，文物出版社 1980 年版。

[138] 山东省菏泽地区汉墓发掘小组《巨野红土山西汉墓》，《考古学报》1983 年第 4 期。

[139] 王永波《成山玉器与日主祭——兼论太阳神崇拜的有关问题》，《文物》1993 年第 1 期。

[140] 山东大学考古系等《山东长清县双乳山一号汉墓发掘简报》，《考古》1997 年第 3 期。

[141] 中国玉器全集编辑委员会《中国玉器全集》（秦—南北朝）图 290，河北美术出版社 1993 年版。

[142] 南京市文物保管委员会《南京板桥镇石闸湖晋墓清理简报》，《文物》1965 年第 6 期。

[143] 同〔125〕图 195。

[144] 江西省博物馆考古队《江西南昌市郊南朝墓发掘简报》，《考古》1962 年第 4 期。

[145] 湖北省博物馆《湖北汉阳蔡甸一号墓清理》，《考古》1966 年第 4 期。

[146] 同〔144〕。

[147] 同〔141〕图 280。

[148] 王克林《北齐库狄回洛墓》，《考古学报》1979 年第 3 期。

[149] 雷明等《安乡清理西晋刘弘墓》，《中国文物报》1991 年 8 月 18 日；安乡县文物管理所《湖南安乡西晋刘弘墓》，《文物》1993 年第 11 期。

［150］黎瑶渤《辽宁北票县西官营子北燕冯素弗墓》，《文物》1973 年第 3 期。

［151］中国文物精华编辑委员会《中国文物精华》（1993）图 290，文物出版社 1993 年版。

［152］同［141］图 278。

［153］同［141］图 294。

［154］南京市博物馆《南京市郭家山东晋墓发掘简报》，《文物》1981 年第 12 期。

［155］杨伯达《中国古代玉器面面观》，《故宫博物院院刊》1989 年第 1 期。

［156］夏名采《青州佛教造像的艺术特色》，《文物世界》2000 年第 2 期。

［157］西安市文物局《西安北郊出土北周白石观音造像》，《文物》1997 年第 11 期。

［158］南京市博物馆等《江苏南京市花神庙南朝墓发掘简报》，《考古》1998 年第 8 期。

［159］姜林海《江苏南京市五台山东晋墓出土玉璧》，《考古》1998 年第 8 期。

［160］施博《记南京东晋高崧家族墓出土文物》，《文物天地》2000 年第 1 期。

［161］黄明兰《西晋裴祇和北魏元昤两墓拾零》，《文物》1982 年第 1 期。

［162］李宗道等《洛阳 16 工区曹魏墓清理》，《考古通讯》1958 年第 7 期；洛阳市文物工作队《洛阳曹魏正始八年墓发掘报告》，《考古》1989 年第 4 期。

［163］同［148］。

［164］辽宁省文物考古研究所等《辽宁朝阳田草沟晋墓》，《文物》1997 年第 11 期。

［165］贠安志《中国北周珍贵文物——北周、初唐、盛唐、中晚期唐考古发掘报告之一》，陕西人民美术出版社 1992 年版。

［166］马自树《中国文物定级图典》（一级品）上卷第 168 页，上海辞书出版社 1999 年版。

［167］夏振英《陕西华阴县晋墓清理报告》，《考古与文物》1984 年第 3 期。

［168］刘云辉《北周京畿玉器》，《北周隋唐京畿玉器》第 1 页，重庆出版社 2000 年版。

［169］同［149］。

［170］唐金裕《西安西郊隋李静训墓发掘简报》，《考古》1959 年第 9 期；中华人民共和国重大考古发现编辑委员会《中华人民共和国重大考古发现》第 388 页，文物出版社 1999 年版。

［171］郑洪春《西安东郊隋舍利墓清理简报》，《考古与文物》1988 年第 1 期。

［172］同［166］。

［173］陕西省博物馆文管会革委会写作小组《西安南郊何家村发现唐代窖藏文物》，《文物》1972年第1期。

［174］马得志《1959—1960年唐大明宫发掘简报》，《考古》1961年第7期。

［175］马得志等《唐代长安宫廷史话》，新华出版社1994年版；中国玉器全集编辑委员会《中国玉器全集》（隋—明）图21，河北美术出版社1993年版。

［176］同［173］。

［177］同［166］图87、88。

［178］中国玉器全集编辑委员会《中国玉器全集》（隋—明）图2，河北美术出版社1993年版。

［179］同上图25。

［180］同上图44。

［181］王自力等《西安西郊出土的唐代玉带》，《考古与文物》1992年第5期。

［182］陕西省法门寺考古队《扶风法门寺塔唐代地宫发掘简报》，《文物》1988年第10期。

［183］负安志《陕西长安县南里王村与咸阳飞机场出土大量隋唐珍贵文物》，《考古与文物》1993年第6期。

［184］中国文物精华编辑委员会《中国文物精华》（1997）图37，文物出版社1997年版。

［185］同［182］。

［186］陕西省考古研究所宝中铁路考古队《陕西陇县店子村汉唐墓葬》，《考古与文物》1999年第4期。

［187］中国社会科学院考古研究所洛阳唐城工作队《唐洛阳宫城出土哀帝玉册》，《考古》1990年第12期。

［188］中国社会科学院考古研究所河南第二工作队《河南偃师杏园村的两座唐墓》，《考古》1984年第10期。

［189］洛阳市第二文物工作队《伊川鸦岭唐齐国太夫人墓》，《文物》1995年第11期。

［190］那志良《唐玄宗及宋真宗禅地祇玉册》，（台湾）《故宫学术季刊》第6卷第2期，1971年。

［191］北京市文物研究所《北京丰台唐史思明墓》，《文物》1991年第9期。

［192］吉林省文物考古研究所《吉林永吉查里巴靺鞨墓地》，《文物》1995年第9期。

[193] 宁夏回族自治区固原博物馆等《原州古墓集成》第 4 期，文物出版社 1999
年版。

[194] 李世兴《阿拉伯文玉牌饰》，《中国文物报》2000 年 4 月 26 日。

[195] 冯汉骥《前蜀王建墓发掘报告》第 1～55 页，图版 33～35、38、39、50～
51、58、60～69，文物出版社 1964 年版；《王建墓内出土"大带"考》，
《考古》1959 年第 8 期；李志嘉《王建墓》，《文物》1980 年第 6 期。玉带
参见《中国美术全集》（玉器）图 233、234，文物出版社 1986 年版。

[196] 杭州市文物考古所等《浙江临安五代吴越国康陵发掘简报》，《文物》2000
年第 2 期。

[197] 杨伯达《隋·唐—明代玉器叙略》，中国玉器全集编辑委员会《中国玉器
全集》（隋—明）第 6～8 页，河北美术出版社 1993 年版。

[198] 同上图 104。

[199] 河南省文物考古研究所《北宋皇陵》第 318、319 页，中州古籍出版社
1997 年版。

[200] 张先得等《北京市房山县发现石椁墓》，《文物》1977 年第 6 期。

[201] 孙机《霞帔坠子》，《文物天地》1994 年第 4 期。

[202] 衢州市文管会《浙江衢州市南宋墓出土器物》，《考古》1983 年第 11 期。

[203] 兰溪市博物馆《浙江兰溪市南宋墓》，《考古》1991 年第 7 期。

[204] 陈柏泉《上饶发现雕刻人物的玉带牌》，《文物》1964 年第 2 期。

[205] 同［197］图 128。

[206] 内蒙古自治区文物考古研究所等《辽陈国公主墓》第 44～46、59、60、
80～86、103～114 页，文物出版社 1993 年版；彩版三、十：2、十八～二
三，三一。

[207] 同［197］图 137、138、142。

[208] 同［197］图 134。

[209] 吉林省博物馆《吉林省扶余县的一座辽金墓》，《考古》1963 年第 11 期。

[210] 同［197］图 145。

[211] 同［197］图 146。

[212] 北京市文物工作队《北京金墓发掘简报》，《北京文物与考古》第一辑，
1983 年。

[213] 同［197］图 148、149。

[214] 徐琳《钱裕墓出土元代玉器综述》，（台湾）《故宫文物月刊》第 193 期，
1999 年。

[215] 无锡市博物馆《江苏无锡市元墓中出土的一批文物》，《文物》1964 年第 12 期。

[216] 苏州市文物管理委员会等《苏州张士诚母曹氏墓清理简报》，《考古》1965 年第 6 期。

[217] 上海市文物保管委员会《上海古代历史文物图录》第 67 页，上海教育出版社 1981 年版。

[218] 上海市文物管理委员会《上海嘉定法华塔元明地宫清理简报》，《文物》1999 年第 2 期。

[219] 上海博物馆《上海浦东明陆氏墓记述》，《考古》1985 年第 6 期。

[220] 上海市文物管理委员会《上海宝山明朱守城夫妇合葬墓》，《文物》1992 年第 5 期。

[221] 中国社会科学院考古研究所等《定陵》，文物出版社 1990 年版。

[222] 中国玉器全集编辑委员会《中国玉器全集》（隋—明）图 261～263、275～278，285～288，河北美术出版社 1993 年版。

[223] 山东省博物馆《发掘明朱檀墓纪实》，《文物》1972 年第 5 期。

[224] 蔡述传《南京牛首山弘觉寺塔内发现文物》，《文物参考资料》1956 年第 11 期。

[225] 南京市博物馆《南京明汪兴祖墓清理简报》，《考古》1972 年第 4 期。

[226] 南京市博物馆《江苏南京市板仓村明墓的发掘》，《考古》1999 年第 10 期。

[227] 同［125］图 247。

[228] 蔡卫东等《明顾林墓出土玉器述评》，《无锡文博》1999 年第 1 期；

[229] 王正书《上海打浦桥明墓出土玉器》，《文物》2000 年第 4 期。

[230] 同［220］。

[231] 同［219］。

[232] 江西省文物工作队《江西南城明益宣王朱翊钰夫妇合葬墓》，《文物》1982 年第 8 期。

[233] 李久芳《清代琢玉工艺概论》，中国玉器全集编辑委员会《中国玉器全集》（清）第 10～14 页，河北美术出版社 1993 年版。

[234] 苏天钧《北京西郊小西天清代墓葬发掘简报》，《文物》1963 年第 1 期。

[235] 周长源《介绍阮元侧室唐氏玉柩记》，《文物》1996 年第 2 期。

[236] 南波《江苏吴县清毕沅墓发掘简报》，《文物资料丛刊》（1），1977 年。

[237] 王正书《上海陕西北路发现清墓》，《文物》1987 年第 9 期。

三 中国古代玉器的分类研究

中国古代玉器品类繁多，且选材、用途、造型时有变化。因此，玉器分类研究是一个较为复杂的课题。现将争议较多的玉器粗略分为礼仪、佩饰、丧葬、生活用具四类，并就其起源、用途等方面，采集各家代表性观点分述如下。

（一）礼仪类玉器

礼仪类玉器器形众多，有玉琮、璧、牙璧、圭璧、圭、瑁、璋、册、戚（图五六）、钺、斧、凿、锥形器、柄形器、三孔器、勾形器等。下文将以琮、璧等几种较为典型的玉器为例予以表述。

1. 玉琮

玉琮盛行于良渚文化，主要形式为内圆外方的方体或长方形。但也有不少学者将大小悬殊，精粗不一，纹饰有异，甚至圆形、三角形等各种形体的类琮形器都包含在内。在涉及功能、起源等方面，更是众说纷纭。

1915 年，法国学者吉斯拉刊文认为，琮是"中霤"崇拜的礼器，是古代穴居时屋子中央的烟筒，也是家族祭祀的对象[1]。1928 年，安克斯刊文认为，琮是象征地母的女阴[2]。1930 年，瑞典学者高本汉刊文认为，琮是盛男子性器之函。其理论依据是《公羊传·羊公二年》载："主状正方，穿中

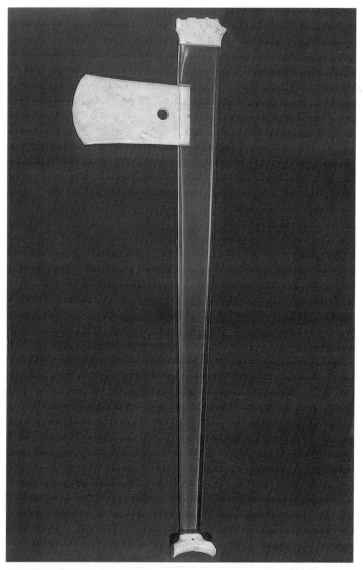

图五六　上海青浦福泉山遗址出土新石器时代玉戚

央，达四方。"所以琮是祖（或祖主）的宗器[3]。此说与河北汉代中山靖王刘胜墓出土玉琮作男根套筒相合[4]。1931年，安克斯进一步认为，琮本身象征女阴性器，代表女的祖先，并是地祇，与死人有关。琮为祭祖之礼器，很容易想到地母的子宫，为人死魂归之所[5]。1937年，陈大年刊文认为，玉琮为勒子之扩大[6]。1947年，比利时学者密舍尔刊文认为，琮为《尚书·舜典》中："在璇玑玉衡，以齐七政"的"玉衡"，为一种玉视管，用以观测天象[7]。1949年，郭宝钧刊文认为，琮是织机上持综翻交的器物，玉琮是木琮的演变[8]。1957年，日本学者梅原末治刊文认为，琮由手镯发展而来[9]。1959年，凌纯声刊文认为，琮"象征女阴与男根，代表最原始的祖先崇拜的性器对象"[10]。

20世纪80年代起，太湖周围地区良渚文化遗址大墓及其中玉琮形器的大量发现，引起了学者们的极大关注。他们利用丰富的出土资料与文献记载相比照，对琮进行了更为深入的研究。1984年，柏格龙认为，琮的基本理念来自《洛书》[11]。1986年，张光直认为，琮兼具"天圆"和"地方"两个特形，所以"正象征天地的贯串"。琮中孔所穿的棍子是天地柱，而琮上所琢的花纹是巫师与其动物助理的形貌。动物助理可协助巫师通过天地柱来沟通天地。它们就是《抱朴子》中所谓的"蹻"，即为巫师可藉以增加脚力的动物。因此，这种图象可称为"人兽符号或巫蹻符号"。由此，他进一步认为，"琮是中国古代宇宙观与通天地行为的很好的象征物"。同时认为，新石器时代晚期的龙山文化时期，用玉琮作为法器正代表政权开始集中的重要阶段[12]。对此，笔者认为，以上将玉琮上的人兽纹研究考证为巫蹻关系，且与通天地有关，并认定玉琮是通天地的象征物等观点，与先秦文献"以黄琮礼地"之记载意合，是颇有说服力的。另有一批学者也提出了独到的见解。如车广锦认为，"玉琮是图腾制度的产物"，巫师可通过"天地柱独立地通天，就如神巫借灵山升降于天地"[13]。1986 年，他刊文认为，玉琮的形状与寺墩的布局惊人一致，从而"可以有把握的说，寺墩古国是依照玉琮的形制来设计这座城的，寺墩遗址本身就是一个大琮"[14]。1988 年，邓淑苹通过研究发现了玉琮的使用方法：当时巫师作法时，可能在竖立的琮的上方平置以璧，以木棍贯穿圆璧和方琮的中孔，组合成一套通天地的法器[15]。同年，日本学者林巳奈夫通过考证认为，琮即是用玉做的"主"。"主"又可称为"宗"，是宗庙中祭祀时请神明祖先的灵降临凭依之物[16]。关于玉琮的起源，安志敏认为，"琮的出现当源自装饰品，即新石器时代广泛流行的石环"[17]。牟永抗认为是兽面神的神柱[18]。杨建芳认为"是神人或兽或二者结合的具象化和立体化"[19]。黄宣佩认为是燎祭用具[20]。杜金鹏认为是腰际佩件[21]。臧振认为是鬼神食品的替代物[22]。谷建祥认为是扩大神权巩固统治的手段的物证[23]。陈昌远认为是井、黄泉之物象[24]。

对于上述各家的观点，笔者认为，产生分歧的主要原因在于对"玉琮"概念界定的不同。传统观点只依"外方内圆"的特征为标准，是不科学的。如良渚文化遗址中出土的大量质地、形制相差悬殊的琮形器物并不都是琮。新沂花厅玉项链上发现的琮形管（过去称小玉琮），应归入管饰类；而一些出土于手部、内径与腕粗接近、无对钻遗脊、内壁光滑、满饰人兽纹的矮型薄壁圆、方琮形器为琮型镯，应归入臂饰类。寺墩三号墓中围绕人骨架堆放的、质地粗劣的琮形器，可能是专门作

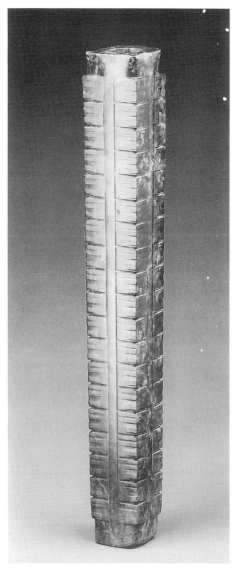

图五七 中国国家博物馆藏新石器时代玉琮

为殓尸用的明器。笔者认为，严格意义上的琮唯有多节长方形（图五七）和硕大、厚重、雕刻精细、纹饰精美的方柱体两种形式。而且其创始及一贯用途，应该就是礼地法器。但两者在具体仪礼使用时的区别，则尚待进一步的观察和研究。

此外，盛极一时的玉琮自商周开始便走向颓势：器形渐小，纹饰变为凤、蝉之类，甚至素面。之后，玉琮更是难见踪影。如江苏涟水三里墩汉墓出土的银座带盖"玉琮"，形制虽同于商周时器，但腔内壁留有烟炱，说明这件琮形器已改作香熏使用。

1998年，笔者在相关资料的考证中认为，良渚文化的象征物——玉琮形器，在该文化末期不约而同地出现在广东石峡、陕西延安、江西丰城、山西陶寺、江苏花厅等地，为我们明确地指出了当年良渚人在洪水猛兽的肆虐下四处逃遁的轨迹[25]。显然，这是研究玉琮形器过程中的深层次收获。虽然目前此观点还没有成为定论，但我们千万不能因此而忽视了这种由器物透视社会形态的有效方法。

2. 玉璧

玉璧，是一种饼形、中心穿一圆孔的器物。有素面、细刻、浮雕、镂孔、出廓墨书等多种形式。典型玉璧始自并盛行于良渚文化时期，此后一直延续到了清末。《尔雅》记："肉倍好，谓之璧"，意指器体的孔旁宽大于孔径的可称璧。关于其起源、功能和用途，《尚书》、《周礼》、《山海经》、《诗经》、《史记》等古代文献中多有记载。今人又据考古发现，发表了许多新的见解。

1977年，邓淑苹从出土情况发现，新石器时代玉璧"知其用作胸前佩物"；商周之时，"多用于悬饰胸前或戴于手腕"；

春秋战国，组珮形式悬饰于腰际。并认为，"璧还可以单独的或是与圭联合，用作祭祀的礼器，或表征权力的瑞器"[26]。她还认为，"璧的创形源自古人观察太阳在天上运行的轨迹。璧之中孔的中心点，是古人宇宙观中永恒不移的北极，也是哲理中的太极、太一。无论是良渚玉璧上刻绘的鸟、鱼、高杆、祭坛，周代素璧上所刻或写的占卜文字，或东周秦汉玉璧上雕琢的云、谷、蒲、乳丁、双身动物面纹等，都被各代先民赋予了沟通神祖的使命。也就是因为圆璧具有深厚的文化涵义，影响了整个古典时期玉雕主要呈现柔美圆润的风格。在器形上，多用圆弧形、圆锥体、圆柱体等；而器表多雕各式回旋绕转的圆弧纹，应是象征生生不息的元气，在宇宙中永恒不息的运转"。商后期时，常用圆形玉料加工、分解出虎形珮的示意图。"可能商周先民相信，分解圆璧作成的动物形玉饰，也具有与圆璧相同的通神法力"[27]。有趣的是，西方学者提出，中国的圆璧与西方的十字架，同样是历史非常悠久的造型，都具有深邃、神秘的宗教涵义。于是，她又从中受到启发，认为圆璧的造型是取自七衡图中的黄图画。因此，在良渚文化有的"玉璧的窄边上，刻着三只金鸟自左向右，也就是自东向西在云中飞翔。这就证明了圆周就代表太阳行移的轨迹"[28]。而汉代有地位的"亡者多赤身裸体，前胸后背铺陈多块玉璧，用丝绳串联绑缚于肉体上，再穿玉匣上。玉匣上是用玉片连接而成，将亡者包裹密实，惟独头顶部分用玉璧覆盖，璧之中孔正当头顶中央，也是全身唯一的漏洞，应是供灵魂出入所用"[29]。

1984 年，汪遵国刊文认为，因璧可能由环形石斧演变而来，而斧又是男子使用的工具，因而由斧演变而来的璧代表男性、阳性，成为祭天的礼器[30]。1992 年，车广锦因"新喀里多尼亚人和班克斯岛上的居民以玉璧象征太阳，而云南永宁纳西族又认为太阳是女性"推测，"玉璧的穿孔也应是女阴的象征，而玉璧的'肉'可能象征大阴唇"[31]。1993 年，臧振因《尔雅》载"肉倍好，谓之璧"而战国至两汉出廓玉璧有龙呈"食璧肉之态，确然无疑"认定，玉璧代表食品，是肉[32]。同年，吕品通过对汉画中的悬璧图研究发现，玉璧图象在汉画中，大都和四灵、大傩以及升仙等有关的画面组合在一起，"因此，玉璧……普遍意义都是'天'的象征"。"玉璧作为'天'，无疑是希冀死者灵魂早升天界"[33]。1994 年，陈江风提出的观点同为天意，只是因饰璧门阙意为天门而得证[34]。1998 年，杨明锷通过研究发现，在印尼峇里岛塞路克附近，"鸟园小圆坛……柱子之上高插一璧，似在模仿太阳在中天的运行"。因此认为，"璧作为生命运作的象征，它的圆的造型具有运作、发作的向前进行之轨迹"[35]。

也有学者不同意良渚玉璧祭天说。1999 年，董楚平刊文认为，"礼神者必像其类"，而良渚文化的所谓"祭坛"却都是方的，与祭天相悖。……《南次二经》明确'璧瘗'以祭地……良渚文化的贵族制造精美的玉璧以象征天，不是为了祭天，而是向往神的世界。希望自己死后也能上天，与上帝、日月同在"[36]。

20 世纪 90 年代末，不少学者对玉璧的用途提出了新的观点。1997 年，唐俊杰刊文认为，玉璧有货币的功能。他以《管子·国蓄》载"……以珠、玉为上币"为据，得出"玉璧是越国主要的原始货币"的结论[37]。1999 年，屠燕治刊文认为，玉璧"肉"、"好"称谓与钱币同，安溪乡出土玉璧上面的璋形器图案"与古钱有着相似的作用"及"秦国圜钱'一珠重一两'的币文反映了上币（珠玉）与下币（金属铸币）之间的兑换比价关系，同时也揭示了珠玉等实物货币是通过金属称量货币过渡到金属铸币的"[38]。同年，蔡运章以《左传·桓公元年》"郑伯以璧假许田"为证认为，"不能将贵重的'圭璧之属'排除在货币之外"。并把先秦时期玉器均看作货币，"它们的形制大小、质地和工艺的不同，正可互相补充，为不同价值的商品交换创造了条件"[39]。

当然，仍有一些学者不赞同玉璧货币说。1999年，王明达刊文认为，"良渚玉璧作为'财富的象征物'，仅指璧的价值含义，它既不是商品，更与'货币'的定义相距甚远"[40]。同年，金德平刊文认为，"由于玉璧存在着这些成色不一、大小不一、加工技艺不一，易破碎、数量较小等局限，玉璧似不容易发展为称量货币，也不能计枚使用……它似乎并未被作为货币使用，并未真正取得货币的地位"[41]。

笔者认为，玉璧的祖形应从良渚文化的前源——崧泽文化中探寻。通过研究发现，该文化玉器中最早成为非实用器而具意识形态用途的圆饼形玉珏和具权力象征趋势的环璧形磨光石斧，在外形、质地和制作工艺上，都接近于良渚玉璧。"从这个意义上讲，玉璧是一种更趋神化了的权力的象征物，做成圆形，所谓'礼神者，必象其类，璧环象天。'当然，表示其权力是上承天意、不可置疑、不可觊觎的"。而粗劣者应是明器，精致者则由拥有它们的人生前使用[42]。由于美国弗利尔美术馆藏玉璧上的阴刻图徽与埃及第一、二王朝刻在大神殿上的、近似立鸟形的"王徽"时代相仿、形式接近，因此，刻有鸟纹玉璧的使用者同样应有王的身份[43]。有鉴于此，前及

图五八　河北满城西汉墓出土玉璧

玉璧源自太阳在天上运行的轨迹、璧孔中心是北极和玉璧是女阴的象征等等的推论，显然有待商榷。而玉璧是龙所食之肉的观点，更是十分牵强。对于把玉璧识为货币的见解，笔者认为，从出土情况分析，玉璧几乎全都集中在王或首领等极少数人手中，明显缺乏货币必须具备的持有者的广泛性和频繁使用的耐久性。当然，良渚文化以后，特别是春秋战国、秦汉时期，玉璧的制作和使用出现了又一个高潮，无论纹饰、造型、玉材、工艺，都发生了根本性的变化（图五八）。除了持有者仍为地位显赫的特殊人物外，其用途定然多有增加。如大量文献提到的服饰、建筑装饰、问士、神祇、信物、礼物、燔玉等等。我们认为，其中不少是可信的，但有一点必须注意，《周礼·春官·大宗伯》所载曾贯穿于良渚文化以后中国整个历史时期的"以苍璧礼天，以黄琮礼地"的礼仪制度说明，玉璧可能始终与天保持着千丝万缕的联系。

（二）佩饰类玉器

佩饰类玉器有司南珮、刚卯、组玉珮、玉带、玉具剑、冠状饰、山字形器、半圆形器、有领玉环、玉梳、觿、玉贝、玉玦、玉璜、玉人（图五九）、玉龙、玉螭、琥、玉辟邪、玉鸟等。下文将以司南珮、玉具剑、冠状饰、玉龙等为例予以表述。

1. 司南珮

司南珮是汉代的产物，两节形，顶有勺形饰。过去仅知具厌胜、避邪或指向、指导之意。也许因其器小，纹饰简单，尤其是造型怪诞，除上面的勺形被朦胧地识为仿自司南之外，下

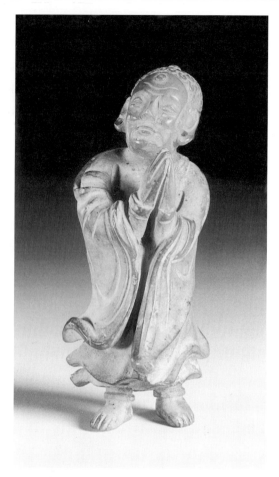

图五九　上海松江宋代西林塔出土玉人

面两节形主体却少有说及。

　　1948 年，王振铎从东汉王充《论衡·是应》等文献中考得司南形"如勺"、"如瓢"、"如北斗"[44]。1990 年，那志良刊文认为，"司南之物，古人是随时携带的东西，所以在佩饰器物中，也有它的形制出现，可能是与刚卯一样有着厌胜之意"[45]。1995 年，邓淑苹发现，"玉珮的主体，为两个厚实的'玉胜'"，"所以应称作'胜形珮'"[46]。1998 年，殷志强刊文认为，"因司南有测向之功，故以司南定乾坤。又因玉有避邪之效，遂仿司南造型，将实用品转变为佩饰器，琢成小玉珮，随身佩带，是为司南珮"[47]。

2000 年，笔者通过观察发现，司南珮主体其实就是玉琮的衍变形状。由于玉琮的核心功能，即"以黄琮礼地"一项，自《周礼》有记载以来，在中国历代史籍中一直贯彻始终。又司南珮顶上有一勺形司南，史载司南和朝夕、星、日，即天体、天象有关，而与其一脉相承的指南针又被安置在罗盘中心的所谓"天池"之内，因此，司南应与天有关。于是，司南珮之上体司南喻天，下体琮形喻地，这一组恰恰表述了上天下地、通天通地的重要的巫术内容。东汉的达官贵人、文人雅士将其佩挂在身上，甚至死后葬入墓中，反映了他们渴望从这件小挂件上得到天地之助，以求飞黄腾达的畸形心态[48]。

2. 玉具剑

玉具剑是指剑上的玉饰件。一般认为，玉具剑至少可以上溯到西周晚期。如河南三门峡虢国墓地出土的一把铁剑，剑首及茎身接合部均镶以绿松石。严格意义上的玉剑饰出现于东周时期。在剑和剑鞘上装有四种成套玉饰的"玉具剑"，到西汉时期才出现[49]。《汉书·匈奴传》载："单于朝，天子赐以玉具剑"，孟康注释为："标首、镡卫，尽以玉为之。"目前，学术界争论的焦点是玉具剑各部位玉饰的定名问题。

1949 年，郭宝钧就对玉具剑名称提出了自己的认识："1. 镶于剑柄末端之玉头谓之标首，亦曰璏。2. 隔于剑柄与剑身之间五角形玉谓之璲，亦曰卫。璲之两旁侧出曰珥，亦曰镡。其正中隆起处曰鼻。3. 饰于剑鞘近口处，旧所谓昭文带者，宜正名琫。琫对面之小方玉曰珌。4. 结于剑绥之他端，备夹入于腰际革带间者曰鞞鞛，亦即如满清宫吏扇囊带刀上玉坠之类。"[50]1982 年，周泉南把剑柄前端的饰玉称剑鼻，"是根据它的形态和部位在当时人们中的一种俗称，是剑身整体形象化的比喻。……形有脊如鼻而名"[51]。1985 年，孙机对各家学说进行了全面考证[52]。他认为，玉具剑的首，依《释名·释兵》剑"其末曰锋"，可以反证剑柄顶端当首，其玉饰自为剑首。此物清人称珥、璲。摽，可依《说文·金部》"镖，刀削末铜也"和《梁书·侯景传》"景所带剑水精（晶）标无故坠落"认为，它即剑鞘末梢之玉饰。璲，可依《汉书·匈奴传》颜师古注"卫，剑鼻也。……卫字本作璲，其音同耳"和《说文·玉部》"璲，剑鼻玉也"及郭沫若"璲着于鞘，有类于鼻，孔复贯縩，亦似穿牛鼻然，故谓之鼻"[53]的观点认为，它是鞘外的剑扣。镡，依《考工记·桃氏》郑玄注引郑众曰"茎谓剑夹，人所握，镡以上也"认为，既然手握的剑把在镡以上，那它就是通常所说的剑格，即玉剑镡。他还从越王剑上都不装玉具，而中原春秋早期已有象牙质联璲形剑鞘（洛阳中州路 2415 号墓）和春秋晚期已见最早的玉璲（洛阳中州路 2717 号墓）认为，"玉具剑是在中原地区产生和发展起来的"。在玉璲的使用方法上，他又以国内外历史上陶、铜、石、画像上剑带在璲孔中直接穿越固定的明确资料而否定了霍麦[54]、郭宝钧[55]通过考定认为的璲孔只用于将璲缚在剑鞘上和剑带分别在璲上下端卷檐和鞘间穿过系挂的形式等观点。1987 年，高至喜发现剑饰的名称。汉代称"玉具剑"，晋代称"玉头剑"。近人的复原示意，都有可商榷之处。剑珌为剑鞘末端之饰，各家意见一致。剑首因《庄子·则阳》中"剑首"和《礼记·少仪》"泽剑首"一词而无多分歧。剑镡，有镡、格、璏、琫、鼻、珥、环、口多种称谓。孟康注《汉书·匈奴传》："标首、镡卫"，而颜师古注："镡，剑口旁横出者也"，徐锴注《说文解字》："剑鼻，人握处之下也"，明示了"镡是指剑柄下端与剑身相连处的饰件"。剑璏，有璲、璏、卫、琫、剑鼻、朝文带等称谓。据《楚辞·东皇太一》"抚长剑兮玉珥"可知，因剑在腰部，抚剑往往先摸到它，且侧视如耳，故名。至于琫为何物，《释名·释兵》"刀室曰削，室口之饰曰琫"已说得明白，是刀饰而非剑饰[56]。

　　笔者认为，玉具剑各部件名称的确定，在文献有据的前提下，也要顾及约定俗成。此外，玉具剑的研究目前尚欠深度，特别是其使用规格、造型艺术、工艺特征以及魏晋以后几乎没有实用价值的形制产生的原因等问题。

3. 冠状饰

　　此器亦称倒梯形器、冠状器和冠形器，仅见于良渚文化。有素面、浅浮雕和镂空装饰。纹样有人像或兽面。背面也见凸起穿孔的形式。在其20世纪70年代大量出土以前，海内外已见传世品，但因缺乏科学依据，面目不详。

　　1989年，牟永抗刊文认为，反山17号墓冠状器刻纹"虽有兽面及神人的下肢却无戴在神人头部的羽冠，若配以此器，恰恰能组合成完整的神人兽面像。这一发现，使冠状器物的定名及其功能得到了充分的证实"。又因冠状饰附近"常有串饰或与玉管贯穿的玉璜。但是这些串饰的直径明显小于正常人的头径，……因而冠状器很可能就是这种已朽（神人像）实体的冠冕"[57]。但林巳奈夫另有见解。他认为，此器"是河姆渡蝶形器以来的传统"，"是由河姆渡（象牙雕上）背负日月的双鸟变化而来的，双鸟变成具有似人的面相的日月神"[58]。1990 年，笔者对此的研究，先是受到了将冠形器与弗利尔美术馆高边玉镯上双翼形图案联系起来的启发，将其复原成如钟座状法器。之后又据瑶山（M7）一件玉冠形器出土时有绿松石嵌贴片，且下部有一串直径近手腕的珠饰的资料，并参考红山文化兽首长柄丫形器和贵州毕摩手执的银皮虎纹法器的形状，将其复原成一件顶插玉冠形饰、下用象牙或优质木材制作、镶嵌有绿松石片、把端穿一可套入手腕的珠串的柄形法器[59]。1994 年，江松结合凌家滩戴冠玉人、龙山文化玉器和三星堆商代青铜面具上的近似刻画与造型的比照认为，良渚文化"冠形器是一种鸟形的冠"[60]。同年，杜金鹏据郑玄注《礼记·玉制》"翚，音皇，本文又作皇"认为，"翚，是王字之上有羽翎，应即指羽冠"。于是进一步推测，冠形饰"应是嵌在冠顶上的饰件，更确切地说，应是冠上的徽识。它们取形于良渚文化'神徽'中神人头上的大羽冠"[61]。1997 年，刘斌刊文认为，"冠状饰应是作为神灵的象征物和降神巫术必须的一种法器，应当是每个具有巫师身份的人的必备之物"。并从台湾故宫博物院收藏的一件附冠形饰玉质耘田器上获得启发提出，冠形饰"在使用功能上，也不应该仅局限于神冠。从饰有神徽图案的冠状饰分析，如果镶嵌于神像头顶，显然有重复之感。所以我认为冠状饰下面的镶嵌物，未必一定要做成神像样子，而很可能只是一个简单的木座"[62]。1999 年，朱建民发现，诸天文星座中，主宰疫病的星宿平面成不规则"亚"字形，与良渚文化反山一件镂孔冠形器（M16：4）构图相似。

因此认为，"这种冠形器平面图形态或许来源于天秤座，即古籍记载中主宰瘟疫的'氐宿'"[63]。

　　然而，1999年浙江海盐县横港乡周家浜遗址一件用良渚冠状饰镶饰的六齿象牙梳（图六〇）的完整出土[64]，使争论了很长时间的冠状饰的使用功能问题终于有了定论：它其实只

图六〇　浙江海盐周家浜遗址出土新石器时代六齿象牙梳

是梳脊。显然，在此器的研究过程中，有些推测和评价（包括笔者自己所作在内）过于大胆了，应值得注意。

4. 玉龙

玉龙的造型在各个时期不尽相同。有单体的圆雕龙、扁薄体龙、作附饰的透雕龙（图六一）、阴刻龙，更有仿古彝器上造型怪诞的异形龙。关于玉龙的研究很多，涉及到造型艺术、风格特征、使用功能等各个方面。

笔者认为，玉龙的研究首先应从探明龙的起源开始。在此基础上，才能科学有据地认识历代玉龙所呈现出来的种种信息。

1989 年，饶宗颐刊文，从《庄子·大宗师》篇列举"神帝"第一位是"狶韦氏得之，以执天地"感悟到，"红山猪龙玉器以玉琢成猪首，其身回旋作围绕一圈之状。疑远古之豕韦

图六一　上海松江元代西林塔出土龙纹提携

族即以此为祭祀时的宝器，作为权力的象征，意者五千年前的东胡亦奉豨韦为造成天地的神话人物，故其礼器取虵首之状"[65]。1984年，孙守道等刊文认为，龙的起源与原始时期的农业密切关联。并将内蒙古三星他拉"C"形玉龙与猪的形体特征相比较，同时从文献记录上分析认为，其祖形"最初来源之一当与猪首有关"[66]。1996年，郭大顺又重作分析认为，内蒙古三星他拉玉龙形体结构似猪，仍可称猪龙。而辽宁建平收集的一件颇具代表性的环体甚粗、大头、大圆睛、双立耳的玦形玉龙，形体结构似熊，可称"熊龙"。由于它位于墓中人骨架胸部，因此，其级别是最高的，具"神器"性质。并认为，"黄帝时代是'龙战于野'的时代，地在今河北省北部桑乾河流域，黄帝又多与熊、罴有瓜葛，如果熊龙一说得到进一步证实，那将为以上记载提供一个重要实证"[67]。1997年，常素霞基于辽宁东山嘴双龙首玉璜的造型认为，"古文献中关于双龙起拱即成天上雨后出现的虹之记载和传说，早在红山文化时期就已初露端倪。这一造型和发现，表明了在史前时期，龙就具有了能够致雨的特殊而神奇的功能"[68]。显然，近年学术界在探索龙的起源方面，已改变了过去几乎单一依赖于文献中神话传说的面貌，转而更加注重考古资料的利用，使得结论渐趋扎实可信。

笔者通过研究发现，新石器时代的内蒙古三星他拉碧玉龙（马首龙）、辽宁建平白玉龙（熊首龙）、安徽凌家滩白玉龙（牛首龙）（图六二）和浙江余杭瑶山白玉龙（鳄首龙）的造型各有不同。这一现象显然反映了先民在许多不可抗拒的自然灾害面前，把当地视若神灵的动物形象嫁接到蛇、雷电，甚或龙卷风上，从而产生出可以寄托无穷意愿的、无所不能的神兽

图六二 安徽含山凌家滩遗址出土新石器时代玉龙

形象——龙。这种与当时当地先民的尊重物紧密相连的特殊的造龙现象，直至后来仍连续不断地导致新的祖形明确的龙的产生。如美国弗利尔美术馆的商代人首龙纹青铜盉、马王堆帛画上的汉代人形龙和西藏大昭寺等唐代建筑上的长鼻象首龙等。至此，我们可以较为肯定地说，中国龙的起源是多元的。这对今后玉龙研究的全面展开具有相当重要的意义。

自夏商始，龙的形象日渐一致（指传统型四足玉龙）。笔者认为，这是政治和意识形态渐趋统一的必然结果。商周时期的政治、经济、文化中心在黄河流域，因此，中国龙的主流形象，至今与当地的仰韶文化的龙形——河南濮阳蚌壳堆塑龙基本一致[69]。反过来，笔者经过仔细地分析与研究发现，对中原文明形成产生过强烈影响的新石器时代晚期的良渚、红山、石家河等诸多地域文化也都有玉龙出土。它们往往是凝聚着先民意识形态内涵的重要载体。因此，在具有前后承继关系的器形上，极有可能同时传承着风俗习惯、宗教信仰等主流信息。由此可见玉龙研究之重要性。

关于玉龙，有的学者着重于时代特征的分析。1985 年，楚戈刊文认为，商龙的"且形角"象征男性生殖器[70]。1988 年，刘云辉发现，春秋晚期玉器上最流行的是浮雕互相纠结的龙纹（习称蟠虺纹），（而）秦国玉器上的龙纹不同于中原诸国，均为细线阴刻几何形龙纹[71]。1986 年，许勇翔刊文归纳出唐代玉龙的特征：（1）龙形呈腾飞状，头上有双角，上唇上翘呈梳状，开始与云纹结合出现。（2）龙身满布网格状鳞纹，腿部丰满，前腿与身关节处有翼，爪均为三趾。（3）龙尾为蛇形尾，往往为穿过一后腿，呈 S 形弯曲。（4）云纹为单朵短脚如意形，如意形中央以纤细的阴线雕成扇状[72]。也有学者对历代玉龙作了全面分析。1997 年，常素霞刊文认为，"玉龙在史前时期已经具有了一定的神性，但在造型和制作工艺上却显得较为简单"。"商周玉龙的造型仍旧继承了史前玉龙蜷曲状的体态模样，但在龙首、龙尾及身躯等部位均发生了很大的变化。不仅出现了龙角和扉棱状脊骨，而且在龙身上还琢饰出了各种几何纹"。"春秋战国玉龙的躯体大多呈'S'型或再延长一个弯，上面琢有精致细腻的纹饰，显得繁缛华丽，高贵而神奇"。汉代玉龙"伴随着汉人祈求长生不死、羽化登仙的神仙思想，以广阔天空为家，像云、像水一样行为敏捷，自由矫健，成为地上人间与天上神仙进行交往的重要媒介"。唐代玉龙"常给人一种充满自信的稳定感，同时也体现了唐朝政治稳定、经济繁荣、文化发达的兴盛景象"。宋代玉龙"由于在中国民间习俗信仰上，龙是专职布雨的神物，所以此时的龙纹，一改以往那种爬行龙、卧龙、卷曲龙的形象，多作飞行驶状，开始了龙的腾飞时代"[73]。

以上学者在研究玉龙的过程中，除注意分析研究其工艺造型之类的客观因素外，还特别强调了不少意识形态的内容。这种虚实相兼的研究方法，成效比较显著。近年，笔者在这方面也作出过努力，陆续发表了一些关于玉龙研究的文章、专著。其中以《玉龙》[74]一书颇具代表性，可供大家参考。

（三） 丧葬类玉器

丧葬类玉器有玉衣、鳞施、玉枕、蝉、珆（图六三）等。下文将以玉衣为例予以表述。

玉衣，是中国独有的、盛行于汉代的葬玉。它用一两千片圆、长方或几种多边形的玉片，依人体形状，分别用金、银、铜或蚕丝等编连而成。个别头顶心加缀一个玉璧或生殖器上加套一个薄壁玉琮。关于它的起源，组合部件，制作工艺、工序

图六三　上海青浦崧泽遗址出土新石器时代玉珆

和使用制度，学术界多有研究。

1995 年，邓淑苹刊文认为，玉衣头顶缀玉璧用以通天[75]。对于玉衣的雏形及祖源，1981 年，卢兆荫刊文认为，东周"缀玉面幂"和"缀玉衣服"可能就是"玉衣"的雏形。因为考古出土的玉衣中，未发现明确的文帝以前的"玉衣"。从一些出土玉衣不合身且多有拆改的迹象和文献屡有皇帝赐宠幸外戚大臣以"璧珠玑玉衣"的记载分析，玉衣可能是由朝廷按一定规格制作的。至于玉衣的形成，他认为是受到了铠甲的启发。《后汉书·礼仪志下》刘昭注"玉柙"引《汉旧仪》，也有"以玉为襦如铠状，连缝之，以黄金为缕……"的记载[76]。而对于玉衣的形成及组合，学术界也有不同意见。1996 年，龚良等刊文认为，玉衣的发展是从缀玉面罩到丝缕玉面再到玉套（不完整玉衣），最后成为完整玉衣的过程。从随葬器物的等级对应出土玉面罩、玉套的形式发现，除存在着纵向发展关系外，还存在着等级差别[77]。

关于玉衣的使用制度，卢兆荫依南越王墓使用丝缕玉衣说明，西汉时期玉衣未有严格的分级制度[78]。龚良等也认为，与玉衣组合使用的"璜的使用较之玉豚（猪）层次要低"，而"西汉早期也未出现以缕的质地区别等级的使用制度，甚至整个西汉时期'尚未形成严格的分级使用的规定'。到东汉时，玉衣的使用制度才趋于成熟"。汉代殓葬用"玉面罩的基本组合为：玉面罩一、玉枕一、玉琀一、玉璜二，共四种五件"，"玉套的组合为：玉套一、玉枕一、口琀一、豚二、肛门塞一，共五种六件"。"西汉中期以后，玉面罩消失，玉套发展而成玉衣，……组合仅存玉衣、玉猪二种三件"[79]。

1980 年，中国社会科学院考古研究所技术室的专家将满城西汉墓两件玉衣清理复原后，对其制作工艺作了科学的总结：（1）"玉衣"的制作，可能是用人体模型设计的。即先在人体模型上画出纵横的行格，并根据人体部位的不同，决定玉片的大小和形状，然后逐格编号，制作玉片。（2）玉工工艺。选料要使每一部分玉片的颜色基本一致，同时从整体上看，颜色也要求比较协调。锯片（砂锯法）有的用"砣子"（圆片锯）锯开，有的用直条锯锯开。在切割玉片时，需用水加砂才行。尤其是圆片锯的使用，说明当时已有较高效率的轮轴切割机械了。钻孔（砂钻法）一为杆钻，一为管钻，杆钻和管钻都必须加砂研磨。抛光可能使用了"砂轮"和"布轮"等先进的打磨工具。（3）"玉衣"的玉片以金丝编缀，故称"金镂玉衣"。金丝的含金量为96%。金丝一般长4～5厘米，形状粗细不一。金丝都是从里面向外穿插，然后在"玉衣"的表面把金丝拧成右旋的盘结，使里面较为平整。"按照现今的工艺水平推算，西汉时代制作一件'玉衣'，约需一名玉工费十余年的功夫"[80]。

以上研究成果，总体上是比较一致的，没有什么大的分歧。至于研究的角度与内容，笔者认为，有关汉代以后玉衣销声匿迹的真正原因比较重要，这应与佛教盛行所产生的世界观、人生观等的转变有较大关系，不过，尚待进一步的探讨。

（四）生活用具类玉器

生活用具类玉器，由于器形明确，议论者较少。稍有涉及的，如良渚玉镶件、玉柄银锥、玉镇、玺印等。下文将以良渚织机玉镶件和玺印为例予以表述。

1. 良渚织机玉镶件

浙江反山良渚23号墓是一座具有女性特征的大墓。墓中发现了六件不知名的镶嵌玉饰。它们出土位置集中，一一对应配套成三对，且间距一致。对此，1992年，赵丰通过研究认为，"其用途是相同的，可能是纺织工具，似分别是卷布轴、机刀、分经器"上的玉镶件。根据出土遗痕测得"可以织得幅度在35厘米（玉饰件间距）以下的织物"[81]。笔者认真核对相关资料，认为此说可信。显然，这一推论的成立，对中国的纺织发明史具有突破性的意义。在过去出土文物中仅见用于纺线的纺轮而未见编织工具的情况下，有关新石器时代晚期中国先民的衣物材质和样式，始终是个悬而未决的问题。不少文论描述或绘画复原中，更是常常出现先民们披树叶、围兽皮的形象。现结合半坡遗址仰韶文化陶器底部印有布纹的痕迹及浙江良渚文化出土蚕茧和零星丝织品的事实可知，新石器时代晚期，至少其首领、王或显贵们已经享受用蚕丝或毛麻纺织裁剪而成的衣服了。因此，良渚织机的复原，同时为中国先民的服饰史提供了可靠的研究资料。

2. 玺印

玉印始自何时，目前尚无定论。但现存资料证明，至少战国时代已有发现。玺作为天子印章之专称，则始于秦汉。它是最高统治阶级权力的象征（图六四）。

1958年，冯汉骥从江苏南唐二陵哀册残片上楷书"号之宝"三字展开研究，阐述了玉印不同时期的称谓。他认为，"'号之宝'，'宝'字明明系指玺印而言。其全文应为'某某皇帝谥号之宝'。按秦以前，玺印为通称，至秦汉以后，始天子独称玺，……汉以后玺为封建天子印章的专称，其称宝者，

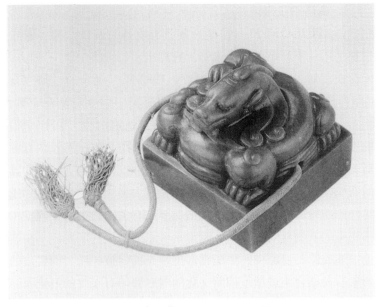

图六四　中国国家博物馆藏清代玉玺

始于唐武后。《新唐书·车服志》说：'至武后改诸玺皆为宝。
中宗即位，复称玺。开元六年复为宝。天宝初，改玺书为宝
书。'自是之后以至清代，封建天子的名玺均称为宝。唐代后
雅陵中的谥玺，亦改称谥宝，如前蜀王建墓中的谥玺，亦刻为
'谥宝'，是其征"[82]。1989 年，孙慰祖通过研究发现了时代
不同的玉印风格："战国、秦汉时期的玉印，约有五百余方。
……战国玉印还不是古玉印艺术风格的成熟类型。……这一时
期的玉印在文字书法、构图形式方面与同时的铜质玺印趋向一
致。……汉代是印章艺术发展的黄金时代。……大多是两字私
印，与汉代其他质料的私印相比较，它们更少添加'印'、
'之印'等附文，……当两字印文作左右排列形式时，正切合

了小篆书体修长舒展的体势特征。……本色地显示了引入印章中小篆书法的结体美和笔形美——娥娜、轻盈、婉转圆劲。……笔画方起方收，纤毫不爽，显露峻拔明快的气氛。……别饶一种字里金生、行间玉润的美感。"[83]次年，他又对学界鲜有涉及的玉印印面文字的刻琢工具问题，提出了自己的见解。因文献屡见"古刻玉用昆吾刀"一说而认为，即使秦汉已有青铜、铁甚至炼出了早期的钢，但在摩氏六至六点五度的软玉面前，似无能为力。因此，印文线条横剖面成凹形、两端壁面起收鱼尾形者，系由砣子加解玉砂琢治而成；线条纤细、槽底边沿可见多道细密划痕者，应当是用硬度超过软玉的石材打制成的尖刃器所为[84]。

　　以上只是择要摘引了诸家的研究成果。关于玺印，由于使用者的地位较高，因此，凝聚于其上的诸多信息，如使用者的身份、使用的制度、琢刻的特殊工艺、历代的造型艺术和刻文的风格演变等等，都值得作深入的研究。

注　释

［1］Gieseler, G., La Tablette Tsong du Tcheou - li, *Revue Archéologique*, 2. 1915.

［2］Erkes, Eduard, Idols in Pre - Buddhist China, *Artibus Asiae*, Vol. Ⅲ, 1928.

［3］Karlgren, Bernhard, Some Fecundity Symbols in Ancient China, *Bulletin of the Museum of Far Eastern Antiquities*, No. 2, 1930.

［4］中国社会科学院考古研究所《满城汉墓发掘报告》，文物出版社1980年版。

［5］Erkes, Eduard, Some Remarks on Karlgren's, Fecundity Symbols in Ancient China, *Bulletin of the Museum of Far Eastern Antiquities*, No. 2. 1930.

［6］陈大年《陈大年所藏玉器石器琉璃器说明书》，《说玉》第246、247页，上海科技教育出版社1993年版。

［7］Michel, Henri, Les Jades Astronomiques Chinois：une hypothese sur leur usage.

Bulletin des Musees Royaux d'Art et d'Histoitr，Brussels，Nos. 1 – 3（1947，January – June）31 – 8.

Astronomical Jades，*Oriental Art*，Ⅱ，No. 4（1950，Spring）pp. 156 – 9.

Methodes Astronomiquse des Hautes Epoques Chinoises. Lecture delivered at the Palais de la Decouverte，Paris，23rd May，1959.

Le Plue ancien instrument d´astronomis：Le Pi，from *Ciel et Terre*（Brussels）LXXV Nos. 5 – 6（1959，May – june）

［8］郭宝钧《古玉新诠》，《历史语言研究所集刊》第二十本下，1949 年。

［9］［日］梅原末治《殷墓出土の琮について》，（日本）《考古学杂志》第 42 卷第 3 期，1957 年。

［10］凌纯声《中国古代神主与阴阳性器崇拜》，《民族学研究集刊》第 8 册，1959 年。

［11］Berglung，Lars，the Ancient T´sung Jade Tube. *Arts of Asia*，Sep. – Oct. 1984.

［12］［美］张光直《谈"琮"及其在中国古史上的意义》，《中国青铜时代》（二）第 67 ~ 81 页，三联书店 1990 年版。

［13］车广锦《良渚文化玉琮纹饰探析》，《东南文化》1987 年第 3 期。

［14］车广锦《玉琮与寺墩遗址》，《东方文明之光——良渚文化发现 60 周年纪念文集》第 371 ~ 373 页，海南国际新闻研究中心 1986 年版。

［15］邓淑苹《由"绝地天通"到"沟通天地"》，（台湾）《故宫文物月刊》第 67 期，1988 年。

［16］［日］林巳奈夫《中国古代的玉器——琮》，（日本）《东方学报》第 60 册，1988 年。

［17］安志敏《关于良渚文化的若干问题》，《考古》1988 年第 3 期。

［18］牟永抗《良渚玉器上神崇拜的探索》，《庆祝苏秉琦考古五十五年论文集》第 191 页，文物出版社 1989 年版。

［19］杨建芳《玉琮之研究》，《考古与文物》1990 年第 2 期。

［20］黄宣佩《良渚玉器用途之研究》，《良渚文化论坛》特刊第 16 页，1999 年。

［21］杜金鹏《关于大汶口文化与良渚文化的几个问题》，《考古》1992 年第 10 期。

［22］臧振《玉琮功能刍议》，《考古与文物》1993 年第 4 期。

［23］谷建祥《人、鸟、兽与琮》，《东方文明之光——良渚文化发现 60 周年纪念文集》第 396 ~ 399 页，海南国际新闻研究中心 1986 年版。

[24] 陈昌远等《说"琮"》，《华夏考古》1997 年第 3 期。

[25] 张明华《良渚文化突然消亡的原因是洪水泛滥》，《江汉考古》1998 年第 1 期。

[26] 邓淑苹《圭璧考》，（台湾）《故宫季刊》第 11 卷第 3 期，1977 年。

[27] 邓淑苹《试论新石器时代至汉代古玉的发展与演变》，《群玉别藏续集》第 54 页，（台湾）故宫博物院 1999 年版。

[28] 邓淑苹《中国古玉之美》（上），（台湾）《故宫文物月刊》总 196 期，1999 年。

[29] 邓淑苹《中国新石器时代玉器上的神秘符号》，（台湾）《故宫学术季刊》第 10 卷第 3 期，1993 年。

[30] 汪遵国《良渚文化"玉敛葬"述略》，《文物》1984 年第 2 期。

[31] 车广锦《中国传统文化论》，《东南文化》1992 年第 5 期。

[32] 同 [22]。

[33] 吕品《"盖天说"与汉墓中的悬璧图》，《中原文物》1993 年第 2 期。

[34] 陈江风《汉画像中的玉璧与丧葬观念》，《中原文物》1994 年第 4 期。

[35] 杨明锷《璧与扶木——峇里岛的一个例子》，（台湾）《故宫文物月刊》总 179 期，1998 年。

[36] 董楚平《玉璧陋见综述》、《良渚文化不祭天，玉璧象天也象地》，《良渚文化玉璧研究论文集》第 74、75、155～167 页，南宋钱币博物馆 1999 年版。

[37] 唐俊杰《玉璧——越国原始货币的考古学观察》，《杭州考古》1997 年第 12 期。

[38] 屠燕治《试论良渚玉璧在货币文化中的历史地位》，《良渚文化玉璧研究论文集》第 28～46 页，南宋钱币博物馆 1999 年版。

[39] 蔡运章《中国古代玉币略说》，《良渚文化玉璧研究论文集》第 14～27 页，南宋钱币博物馆 1999 年版。

[40] 王明达《良渚文化玉璧功能考述》，《良渚文化玉璧研究论文集》第 1～8 页，南宋钱币博物馆 1999 年版。

[41] 金德平等《〈春秋左传〉中玉璧的使用》，《良渚文化玉璧研究论文集》第 139～147 页，南宋钱币博物馆 1999 年版。

[42] 张明华《良渚玉璧研究》，《故宫博物院院刊》1995 年第 2 期。

[43] 张明华《良渚文化与埃及古文明》，《龙语》总 15 期，1992 年。

[44] 王振铎《司南指南针与罗经盘》（上），《中国考古学报》第 3 册，1948 年。

[45] 那志良《中国古玉图释》第 327 页，（台湾）南天书局 1990 年版。

[46] 邓淑苹《由蓝田山房藏玉论中国古代玉器文化的特点》,（台湾）《蓝田山房藏玉百选》第 37、286 页, 1995 年版。

[47] 殷志强《汉代司南珮辨识》,《传世古玉辨伪与鉴考》第 72 页, 紫禁城出版社 1998 年版。

[48] 张明华《司南珮考》,《故宫博物院院刊》2000 年第 1 期。

[49] 卢兆荫《玉德·玉符·汉玉风格》,《文物》1996 年第 4 期。

[50] 同［8］第 33、34 页。

[51] 周南泉《玉具剑饰物考释》,《考古与文物》1982 年第 6 期。

[52] 孙机《玉具剑与璏式佩剑法》,《考古》1985 年第 1 期。

[53] 郭沫若《金文丛考·金文释余·释鞞鞛》, 人民出版社 1954 年版。

[54] R. P. Hommel, "Notes on Chinese Sword Furniture", *The China Journal*, 8 (1), 1928.

[55] 同［8］第 36 页。

[56] 高至喜《谈谈剑饰名称问题》,《考古与文物》1987 年第 5 期。

[57] 牟永抗《前言》,《良渚文化玉器》第Ⅶ～Ⅷ, 文物出版社 1989 年版。

[58] ［日］林巳奈夫《中国古代遗物上所表示的"气"之图像》,（日本）《东方学报》第 61 册, 1989 年。

[59] 张明华《良渚玉符试探》,《文物》1990 年第 12 期;《良渚文化神蹻符》（一）、（二）,《龙语》第 20、21 期, 1993 年。

[60] 江松《良渚文化的冠形器》,《考古》1994 年第 4 期。

[61] 杜金鹏《说皇》,《文物》1994 年第 7 期。

[62] 刘斌《良渚文化的冠状饰与耘田器》,《文物》1997 年第 7 期。

[63] 朱建民《从逐疫文化现象谈良渚文化的衰落》,《南方文物》1999 年第 4 期。

[64] 浙江省文物考古研究所《浙江考古精华》第 104 页, 文物出版社 1999 年版。

[65] 饶宗颐《红山玉器猪龙与豨韦、陈宝》,《辽宁文物学刊》1989 年第 1 期。

[66] 孙守道等《论辽河流域的原始文明与龙的起源》,《文物》1984 年第 6 期。

[67] 郭大顺《猪龙与熊龙》,《鉴赏家》, 上海译文出版社 1996 年版。

[68] 常素霞《古代玉器中龙纹的演变》,《文物鉴赏丛录——玉器》（一）第 244 页, 文物出版社 1997 年版。

[69] 张明华《从中国早期的玉龙试析龙的起源》,（台湾）《故宫文物月刊》第 203 期, 2000 年。

［70］楚戈《商周时代的象征艺术》，（台湾）《故宫文物月刊》第 26 期，1985年。

［71］刘云辉《春秋秦国玉器》，《东亚玉器》Ⅱ第 95 页，（香港）中国考古艺术研究中心 1988 年版。

［72］许勇翔《唐代玉雕中的云龙纹装饰研究》，《文物》1986 年第 9 期。

［73］同［68］第 244、247、250、255、257、260 页。

［74］张明华《玉龙》，上海人民出版社 2000 年版。

［75］同［46］第 23 页。

［76］卢兆荫《试论两汉的玉衣》，《考古》1981 年第 1 期。

［77］龚良等《徐州地区的汉代玉衣及相关问题》，《东南文化》1996 年第 1 期。

［78］卢兆荫《再论两汉的玉衣》，《文物》1989 年第 10 期。

［79］同［77］。

［80］同［4］第 344～357 页。

［81］赵丰《良渚织机的复原》，《东南文化》1992 年第 2 期。

［82］冯汉骥《论南唐二陵中的玉册》，《考古通讯》1958 年第 9 期。

［83］孙慰祖《战国秦汉玉印艺术略说》，《古玉印精萃》第 1～4 页，上海书店出版社 1989 年版。

［84］孙慰祖《古玉印概述》，《孙慰祖论印文稿》第 136～143 页，上海书店出版社 1999 年版。

四 中国古代玉器的专题研究

（一）玉器纹饰、图徽与铭文

中国古代玉器的纹饰相当丰富。探明它的起源意义，是玉器研究的一个重要内容。有些图纹如良渚人兽复合纹的讨论，参与人数之多、观点之纷繁、延续时间之长，可谓前所未有。而玉器铭文的研究，由于历史背景的残缺及古文字的简扼、难识和难懂，理解上难免会有出入。通过正确释读，则往往能填补一些文献记载上的空白。

1. 历代玉器纹饰

历代玉器纹饰涉及范围较广，以下只能择要阐述。

安徽含山凌家滩新石器时代遗址出土玉龟、玉版及鹰上的八角纹（图六五）。该遗址考古发现的一批玉器中，玉龟、八角纹玉版、猪首形翅玉鹰在文博界颇有影响，引起了人们的广泛注意。

1989 年，陈久金等刊文认为，"含山县所出的玉龟和玉片，可能是远古洛书和八卦。……反映了我国夏代或先夏的律历制度"[1]。1998 年，张敬国又推测，凌家滩遗址出土的长方形玉版上的图形，与玉琮的制作思想一致。玉版外方内圆的图形与玉琮外方内圆都意为代表天、地、神，是与人相沟通的工具。中心大小两个相套的圆圈，在内圆里刻方心八角图，内

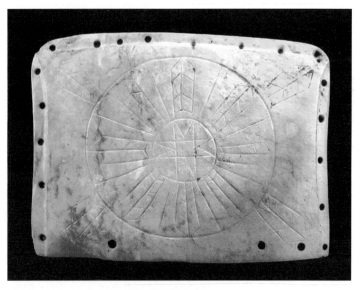

图六五　安徽含山凌家滩遗址出土八角纹玉版

外圆之间有八条直线将其分成八等分，每一份各刻一箭头，外
圆与玉版四角间也有一箭头，同《周易》"易有太极，是生两
仪，两仪生四像，四像生八卦"的八卦概念相吻合。中心八
角星是太阳的象征。玉版八方图形与中心太阳图相配，符合我
国八卦的理论。而与玉龟叠压一起可推测，远古《洛书》与
《八卦》的起源有关[2]。1991 年，钱伯泉刊文认为，玉龟和玉
片组成了"比较原始的式盘"[3]。1992 年，王育成将玉片与玉
鹰上的八角星主纹释读为山东、江苏等地出土的龟甲囊，仅以
龟灵长寿护佑甲士[4]。

　　笔者认为，八角纹在国外不少原始文化中多有出现，似以
太阳说比较可信。至于衍生出来的式盘、八卦之说，尚需寻找
更多、更可靠的辅证资料；龟甲囊一说，形象上仿佛接近，但

作为源头和由此推测以龟灵长寿护佑甲士，则值得商榷。

传世玉器上的人（神、鬼、兽?）面纹。20世纪20、30年代流散国外的一批人（神、鬼、兽?）面纹玉器造型与刻纹独特、玄秘。对此，早在30年代就有学者进行了相关研究。

1937年，陈大年刊文认为，玉"鬼面，余疑为玉方相，缘古人方相，系以铜制，蒙于面上，以驱厉鬼，后因蒙面不便于行动，铜制又过于笨重，逐改用玉制，而钉于冠上以替代之"[5]。1979年，巫鸿刊文提出，这批玉器的"时代初步定为龙山——商，其中一部分应该是山东龙山文化的遗物，另一部分的制作时间可能已进入商代"。至于琢刻题材中的女像和男像，"充分显示出它们在当时宗教中主神的地位"。"装饰着华丽的冠帽玉珥，在礼器上占据着主要位置，是宗教崇拜的神像。……无冠无珥，断首猬发，正被鹰首吞食，他们是供神的祭品"。"在玉圭这样的礼器正中雕刻独立的鹰鸟形，……这种以某种生物为崇拜对象的现象正是原始图腾的特征。而我国史前时代的山东也恰恰是鸟图腾集中流行的地方"[6]。1989年，张长寿以两年前在陕西沣西遗址西周墓中第一次发掘出土的一件兽面玉饰（也称玉鬼神面像）为据认为，它们的用途因形制各不相同。有的是玉组珮中的"一件主要饰物"，而史密森宁研究院的两件"悲喜型"标本（一面为喜像，一面为悲像）"或许是用以表示性别的不同也未可知"。玉器上的鹰鸟纹或鹰攫人首"图象也许是表示当时人的制胜邪恶之类的信念"[7]。

由于这批人面纹传世玉器数量较多、图象复杂、出土依据欠缺，因此，目前有关其究为何种纹饰以及相关年代、含义、用途等问题，众说纷纭，尚无定论。但从近年的考古资料中笔者发现，早至新石器时代石家河文化晚至西周墓葬中，都有近似的出土物。如英国不列颠博物馆藏玉兽（？）面和湖北天门肖家屋脊石家河文化玉人头像在总体和细节上都很相似。而芝加哥美术馆藏玉兽（？）面与陕西沣西遗址西周玉兽（？）面规整的阳纹勾勒风格相一致，其年代也应相去不远。至于用途，笔者认为，沣西玉器是玉组珮部件，但其他玉器因无出土依据和佩挂特征，并不排除执握、缀饰的可能。显然，用十分精湛的工艺和十分珍贵的玉材琢制而成的獠牙人面，不可能是平常的玩具。他们应该是神祖、英雄之类的偶像。

新石器——商周时代玉器上的鸟纹。鸟纹是古代玉器上的重要纹饰。带有鸟纹的玉器在中国古代玉器中占有较大的比例，但相关研究甚少。1995 年，张广文刊文将新石器——商周时代的鸟纹玉器分为四种类型，并进行了归纳：（1）单一鸟形玉。红山文化造型以鹰、鸮类猛禽为主，小头、小身、小翅，远观型写实手法；良渚文化造型大头、大身、小喙、小翅，非鹰类，远观型手法；龙山、石家河文化造型为水鸟、山禽，神化夸张手法，而商代造型则有片状、半圆雕、圆雕的鹤、鹰、燕、雁、鹦鹉、鸽、鸭、鹅等。（2）鸟兽纹玉。如良渚璧、璜，龙山玉圭、铲上的鸟兽纹，都是玉器上的装饰纹样，无共身转化关系，多数鸟在上兽在下。（3）人鸟纹玉。如鹰攫人首纹玉珮，鸟大、人小，表示了对鸟的神化与崇拜。（4）鸟纹玉礼器。良渚文化琮的四角饰鸟兽，但商周玉琮上无鸟纹；玉圭鸟纹以鹰为主，示"图腾的神灵崇拜"。"目前的考古发掘中尚未发现类似的作品"[8]。

晚商玉器上的动物纹。1995 年，邓淑苹刊文认为，商后期大量以动物为母题的玉器，在有的考古报告中被归为"装饰品"，这是一种误会。其实它们是礼器，"应是供佩戴或缝缀于'宝玉衣'上的。《史记·殷本纪》叙述商纣王战败时，'衣其宝玉衣，赴火而死。'……自兼贞人（巫师）的商纣王，选择这种'与玉同燎'的死法，应是相信玉的精气和神灵动物的法力会联合助他归天"[9]。对此，笔者认为，不应完全排除商代以动物为母题的玉器所兼有的装饰功能。因为，用玉材琢制而成的各式生动的动物造型装缀于衣物之上，确有其美感的一面。特别是在商代频繁的节庆典礼仪式中，它更是地位和权威的象征。

龙山文化——战国时代玉器上的屋檐形纹饰。该纹饰又称"介"字、圭形纹。如日照两城镇玉斧、台湾故宫博物院藏玉斧上的刻纹。1997年，林巳奈夫刊文认为，"左右的翼形，是由左右挟持的鸟变化出来的；是自河姆渡文化，经良渚文化进入龙山文化，伴以植物卷须状的独特线条所形成的。""象征太阳的火之'气'、月的水之'气'"[10]。1999年，邓淑苹刊文认为，"左右两侧横出并在末端向上弯翘，有如野牛的卷角，正中央高起'介'字形的冠顶，……而脸庞无具体轮廓线的面纹，颇似野牛的抽象表现。在古史传说上，蚩尤就是以牛为图腾的氏族。那么，这种面纹或可能就是蚩尤的图象"[11]。屋檐形纹饰的出现很有特殊性。因此，关于其所示意义，虽论者甚多，却争议较大。笔者认为，解决问题的关键在于对其祖型的认定。如前稍有触及，但尚欠精准，难免有突兀之感。

2. 良渚文化玉器纹样专论

良渚文化玉器早在20世纪30年代中期已有出土，80年代起在江、浙、沪的太湖地区大量发现。除奇特的造型、优良的质地和"给后世青铜工艺留下深刻影响"[12]的琢玉表现手法外，以浙江反山"琮王"、"戚王"上刻画的繁密人兽纹"神徽"为代表的良渚纹饰，内涵诡谲，意义重大，引起了学术界的高度重视。

良渚玉器上的人兽复合纹。此纹以"琮王"的细刻繁密的人兽形图案为典型（图六六）。各家在人兽角色认同上的大量分歧，更引发并衍生出有关纹饰蕴含内容的纷繁观点。

1988 年，浙江考古工作者首次公开发表了这一图案。并认为，这是"神人兽面复合像"，而且应"是良渚人崇拜的'神

图六六　浙江余杭反山遗址出土新石器时代玉琮上的细刻人兽纹

徽'"[13]。同年，张光直在论及古代美术上的人兽母题时，兼及良渚人兽复合纹，并认为，"人兽纹在一起便表示巫蹻之间关系密切和相互依赖"。巫师利用蹻"为脚力，上天入地，与鬼神来往"[14]。1989 年，牟永抗刊文认为，兽肢上的"趾如鸟爪或可认作蛙的蹼状趾"，"若不曾认出手指，羽冠的外形则颇似宽广的前额，两上臂可认作眉，或将肘部视为颧骨，小腿的部位恰似下巴，趾爪就成为一撮山头胡子了，整个画面就成为以人的头部外形为基础，再配一张写实的狰狞兽面的图案。我们不能将这两种读法当作偶然的巧合，似应认作一种有深刻寓意的精心杰作"。在分析了这一图案上的浅浮雕和阴刻表现的内容规律后，他又认为，"我们将浮雕部位和阴刻部分分别绘一张图，就可以将其清晰地剖析为人形和兽面两个图形。这种人形和兽面复合的图象，可以释为一位头戴羽冠的英杰战神，其胸腹部位隐蔽在兽面盾之后，作冲击跳跃动作。另一种解释是兽神的人形化，既可以认作在兽面表象里，包含着人形的精灵，或是兽的精灵已有人的形状"[15]。1992 年，车广锦另立新说认为，人兽纹是性器官的组合，兽面之巨鼻是男根。"良渚文化玉器上的所谓兽面纹，是由女性乳房、女阴和男根组合成的祖先神像"。而玉琮一周四凸面"也都有是阴茎头的符号"。"每一节上部的凹槽则是阴茎颈，也就是说玉琮的四周有秩序地排列着若干个阴茎颈"[16]。

1992 年，笔者在《良渚玉符试探》一文中，依浙江反山一件冠形饰（实为梳脊）上无人的、一兽单独完整出现的图象，否定了不少学者把兽脚认作人脚的看法。从而依兽形识其为虎，并赞同张光直人兽为巫蹻关系一说，认定良渚文化所谓"神人与兽面的复合像"其实就是与中国道教有直接渊源关系

的巫师御虎蹻的形象[17]。1993、1995 年，笔者在《良渚古玉
——玉材矿源与巫师纹样新管见》[18]一文和《良渚古玉》[19]一
书中，对图案上面的人形进行了深入的探讨。笔者发现，其倒
梯形方脸，大鼻阔嘴，同心圆眼，风字形帽，帽顶有放射状羽
毛，形式极似美国普林斯顿大学博物馆中一件从非洲原始部落
征集到的木质面具。而其黝黑色，凹面、凸眼、巨鼻、大嘴，
顶连一软木皮革头箍，上面插满羽毛，则与良渚神徽上的人纹
一致。另中国甲骨文"美"字上半部美丽、整齐、弯弧、富
有弹性的羽冠的简化、笔划化、文字化，似乎为此作了十分形
象的注解。同时，笔者又以玉器、绘图、铜器上出现的一直延
续至明清的同一题材为佐证，并用御虎神人都取跪姿、双脚在
虎背的现象，解释了正面神人腿脚不见，兽（虎）身下当为
虎腿的事实。1998 年，笔者又在《良渚兽面为虎纹的又一重
要例证》[20]一文中，将三星堆一号祭祀坑跪坐铜人与虎形器合
二而一，成功复原为神人御虎蹻的铜造像。这使此说得到了更
加可信的证实。

　　1997 年，邓淑苹从台湾故宫博物院入藏的一件良渚冠状
器形玉耘田器上受到了启发认为，"良渚神徽的创形，与耘田
器有密切的关系"。"良渚人乃利用耘田器的外形，创造了他
们的神徽，纪念那位发明了耘田器、改革农业的祖先。而神徽
上方的羽冠，既是具有法力的神鸟的象征，也是冠状器造型的
来源"[21]。同年，江松将"神徽"从上至下逐一拆卸成羽冠、
神人、兽、鸟爪四部分。并通过研究发现，"神徽"组合因素
有三：鸟、巫、蛇（或龙）。巫像肘部，神像膝部、胫部皆有
鸟翅状装饰，而其中鸟冠羽、翅等鸟的因素"很可能演化成
南方的方位神'朱雀'，亦象征火"[22]。1998 年，岳洪彬等刊

文认为，良渚"神人兽面纹"是"双关雕塑划法"的艺术杰作。其兽面纹是良渚文化时期纹身习俗的再现和浓缩，兽面纹之兽目的素材来源即是圆柱式玉琮。圆柱式玉琮则是当时的一种特殊礼仪用玉，具有沟通天地的特殊功能"[23]。1999 年，周世荣刊文认为，良渚"兽面纹"应称"鱼面纹"。"良渚人当与从事渔业生产，葬礼中以鱼类作为牺牲，以及宗教活动中以鱼类为象征性'神徽'有关"。"所谓近水知鱼性"[24]。

总之，有关这一纹饰的讨论还在进行。不过，笔者认为，由于三星堆跪坐铜人和虎形器成功复原以及此后人兽（虎）母题几乎贯穿于中国整个历史时期的事实，良渚"神徽"的基本组合是人和虎。至于其他更加深层意义的研究，都应该在这个基础之上展开。

美国弗利尔美术馆藏玉璧上的图案。据考证，该馆藏良渚玉璧是解放前从浙江嘉兴双桥、余杭良渚等地盗卖出去的。在这些玉璧的正反面及边沿发现了几组罕见的浅显的鸟、鱼纹和框形（也有称堞形、盾形）诸图案。由于意蕴深奥，构图难识，引起了人们的重视，许多学者希冀从中寻觅良渚文化的原始信息。

1963 年，美国学者萨尔摩尼刊文认为，弗利尔玉璧上的鸟示亡灵，立于祖庙的屋顶（指习称的三堞形框式图案）上。框中的翼形刻画示有长尖冠的鸟头。有称目字形的刻画，是有直栓的椭圆门。涡纹及弯月形刻画，示联系了灵魂与日夜的星辰[25]。1981 年，林巳奈夫刊文认为，弗利尔"五峰变形而组合的花纹良渚文化玉璧，……其徽号是属于氏族的长者象征着首领的权威，从而联想到后代的瑞玉确实起到了社会分工的作用"。至于玉璧边缘刻画的"飞翔的小鸟为太阳的象征，……

鱼骨，……可以理解它是栖息在水中的动物。……鱼是水的象征，鸟是表示太阳，相对来说，水也是作为月的象征。……雷纹充分表示了云气在宇宙间任其自由的运行，……于是，这个璧可以判断为天。即璧作为天的象征"[26]。1991年，饶宗颐将这类材料与近东古代某些图象作了比较。并认为，"鸟下的方框（应该）识作祭坛，框内的刻画（应该）识作'有翼太阳'"[27]。

1989年，笔者有幸亲身到弗利尔美术馆对玉璧进行了仔细的揣摩。继而发现，佛利尔玉璧上的几个小鸟纹与其他良渚玉器上的小鸟纹一样，都不是同一种鸟。这使笔者隐约感到，良渚多种鸟纹的出现，是否意味首良渚社会已与少皞的氏族组织一样（《左传·昭公十七年》有郯子谈少皞氏以各种鸟命各种官的记载），出现了几个有明确分工的、以不同种鸟命名的、持不同种鸟形玉符的职官？而这种鸟形玉符即如立体的弗利尔堞形细刻图？回国后，笔者试从福泉山遗址出土的小玉鸟为依据，配画成鸟符完整器样式[28]。1997年，浙江遂昌好川墓中果然出土了同种样式的、单独成器的堞形玉片[29]，使笔者此前的推测得到了证实。由于埃及第一、二王朝（时代与良渚文化接近）国王的图徽与良渚细刻图案十分相似，而优质玉璧唯随葬大量精美玉、石器的良渚大墓所有。因此，笔者认为，持有这种鸟纹图徽玉璧者的身份也应具有王的地位[30]。这一推测似乎印证了良渚社会晚期已进入文明的状态。

浙江安溪乡玉璧正反两面均有一阴线刻图案，这是细刻纹玉璧中仅见的出土实物。它为解放前早已流散海外的几件著名的刻纹玉璧的制作年代提供了科学依据，并进一步提升了它们的历史文物价值。1991年，饶宗颐刊文认为，安溪乡玉璧上的一个狭长刻纹，可识作圭类，"玄圭"象征成功[31]。1996年，李学勤刊文认为，玉璧正反面两个刻纹，其中正面堞形图案可识作"山"字，背面圭首形、两侧有羽毛形的图案，应释作本义为羽冠的"皇"字[32]。

首都博物馆等藏玉琮上的刻画。这类玉琮几乎都是传世文物，上面有许多与玉璧相同或相近的刻画。学者大多把它们释作文字。如1991年，李学勤刊文认为，首都博物馆玉琮上的鸟、串饰、堞形图案为"鸟"、"珏"、"山"字；台湾故宫博物院一件多节形长琮上的串饰形刻纹为"珏"字；中国历史博物馆玉琮，一侧为"旲"字，而底部内侧一斜三角形，疑为"石"字[33]。

经过观察，笔者认为，把这些刻画（包括前及玉璧上的）释作文字比较勉强。因为它们几乎都是依物而就的图画。虽然几只小鸟特征强烈，甚至可以区分出鸦、雀、鹊鸽三个品种，但它们缺乏文字所必备的、简约而有规律性的笔划。因此，这些刻画应类似于青铜铭文中的表达一定涵义的图徽符号。

3. 铭文朱书

玉器上铭文朱书的出现，时代稍晚。无特殊情况，一般释读无误。而学术观点的异同，主要集中在一些缺漏或难识字的理解及摹录的出入上。

美国福格博物馆晚商玉戈。1979年，李学勤刊文认为，这件玉戈援后部上的铭辞"日龏王大乙，才（在）林田，馀狀"所述，系馀在一次祭祀大乙的过程中在旁侍奉，可能手持此戈，而事后刻辞留念。并认为此戈应看作与征人方有关的器物之一[34]。

刘家源"太保玉戈"。清光绪二十八年（公元1902年）

出土于陕西岐城，现由美国弗利尔美术馆收藏。1986年，庞怀清摹录铭文二十七字，为"六月丙寅，王才丰，令大保省南或，帅汉，徣廄南令厉应，辟用黾走百人"。并译为"某年六月（相当夏历四月）丙寅日，周王在丰，命大保巡视南国，顺汉水流向而行。发布周王将于五月（相当于周历七月）南巡宋时殷见南国众诸侯的命令于厉应（居）。大保此行，其辟除警卫人员用黾（蛛）走一百人"[35]。对于第二十字"厉"，徐锡台等却认为是"隙（濮）"字，也就是武王伐纣时，牧誓八国中的濮国[36]。

小臣刻铭玉瑗。河南虢国墓地出土了大量玉器。其中一批刻铭玉器，由于文字较少、笔划随意，使学者们在识读、理解及时代认定上，颇有分歧。特别是对小臣玉瑗的铭文摹录和释读也各不相同。1998年，李学勤刊文认为，小臣系玉瑗上的铭文为"小臣徲"。"小臣"是职官的名称，这里是谦称，"系"人名，"徲"字应读为"献"。因此，"小臣系献，意思是说这件瑗为名叫系的臣下进献给商王的"[37]。2000年，连劭名刊文认为，玉瑗上的铭文是"小臣系害"四字。"小臣系"应是晚商的贵族，"害"字应读为"谒"，是"朝见"之义。玉瑗应是古代文献中的"贽"[38]。

小臣刻铭玉琮。1998年，姜涛等通过研究认为，虢国墓地"小臣妥见"琮从形制来看，"与妇好墓的I式琮、广汉三星堆出土的玉琮等相似"。从刻铭的"内容和字体结来看，更近于武丁时期卜辞，所以该玉琮有可能就是武丁时期'小臣妥'的遗物"。其他如"小臣敃"戈，"直援直内，援、内间界不十分明显，援小部起脊，脊上端较尖税，下端两侧呈浅波槽状，与妇好墓出土的两件玉戈（标本977、1091）形制相似"。"铭文的字体和结构与武丁时期的卜辞有相近之处，其时代应在武丁前后"。"小臣玆缂"璧，"应为小臣系对商王的纳贡之物"。"其刻辞与商代晚期的小臣系石簋、小臣系铜卣相互参证，由此定为商代晚期遗物"。"小臣系应为帝乙、帝辛时人"。显然，"这些商人之物落入周人之手，应是周人灭商时的战利品"[39]。

虢国西周墓商代玉觽和玉管。两者都有铭文"王白"二字。1999 年，贾连敏等刊文认为，二字意即"商王之伯"。并从阴刻"王"字的写法上，识其多见于殷墟三四期卜辞和周原卜辞。白玉管，据同出铜器铭文可知，此件原商代王伯之器已为西周晚期虢国国君虢仲所有。而玉觽的主人，则可能是"虢中之嗣国之硕父"的夫人[40]。

秦国玉牍。近年出土于陕西华山地区的二件，双面有朱书或镌刻文字，内容相同。2000 年，李学勤就文中的五个问题钩沉索引，论证了玉牍所属为"有秦曾孙小子骍"——秦惠文王。牍文中提到了两件使惠文王认为可能获罪于神的事件，并希图籍祭秦国之望——华山，以使病体痊愈。他还从牍文所载惠文王病情严重的史实出发，认为玉牍之作当在称王的末年[41]。

其他相关资料，囿于篇幅，在此不予赘述。

（二）历代琢玉工艺

中国玉器精绝的重要原因之一，是其高超的工艺。1984年，栾秉璈刊文对此进行了归纳：新石器时代玉器已是光亮平整，磨工细腻。商代琢工，直道多，细线条少；阴纹多，阳纹少，穿孔外大里小。"双钩线"是玉琢工艺史上的一大成就。周代琢工，弯线条增多。至少在春秋战国，已开始选用"水沙"（解玉沙），从开片、做花到上光已有层次。汉代，有"汉八刀"之称。唐代，常见缠枝花卉、葵花图案及人物飞天。尤其是狮兽制作较精，刀法不乱，布局均匀，细而厚重。宋元时代，玉器细腻灵巧，小件多，大件少，当时受国画风格影响较深，所以非常重视神态。明代，刀法粗犷有力，出现"三层透雕法"，镂雕十分精细，具有独特风格。但明代工艺也有缺点，即在最后一道工序（碾磨细工）上存在"求形不求工"的现象。清代，精工细琢逼真，出现了"巧做"（利用巧色等）和镂空、半浮雕的多种琢法。有立体感的各种玉器层出不穷。乾隆年间是玉琢的全盛时期。精工细琢的程度远远超过了元代和明代[42]。

所谓"玉不琢则不成器"，唯工艺遂赋其生命与神奇。以上历代琢玉工艺的特征，仅仅是个粗略的轮廓，其中的微妙之处，还有许多未曾涉及。特别是个体玉工或小作坊秘不示人的传统作业及意识形态等诸多主观因素的干预，使许多技艺都自生自灭，缺乏传承。为此，学术界早已展开了广泛的研究。

1918 年，章鸿钊便将习称为红砂的解玉砂定为刚玉和石榴子，并查阅了大量与中国产砂有关的文献记载[43]。1937年，陈大年据三代素玉璧的穿孔痕迹，得出了当时玉器钻孔使用"非专用金属器具，故有此状"的结论[44]。1983 年，夏鼐则泛论了中国历代的琢玉工艺[45]。

1985 年，邓淑苹刊文认为，在许多新石器时代的玉器上，常见有明显的直条切痕，这可能使用了直刃形石英工具，配上石英沙来剖解玉璞。而圆弧形锯痕，则可能使用了可悬挂以摆动的有刀解玉工具。史前到早商穿孔多半用实心或空心的长竹管形工具，配以磨砂旋转磨穿。使用圆锯配合磨砂以雕琢玉器的技术可能始于新石器时代晚期的华东地区。明宋应星《天工开物》和清末李澄渊《玉作图》中有详尽的图解与文字说明。《列子·汤问篇》等多有"练钢赤刀，用之切玉，如切泥焉"的记载。据明李时珍《本草纲目》和章鸿钊《石雅》考证，玉器的刻刀是用混合金刚石粉末的铁制成的。汉魏时，由西域"昆吾"传入。"唐、宋时，极少有关用刀刻玉的记录，在流传的实物中，也未见此类玉器。但到了明代，用刀刻玉又成为当时玉雕艺术中最高超的技术，而苏州玉工陆子刚即擅长此技"。其实上述关于新石器时代晚期圆锯、《列子》"练钢赤刀"系金刚石粉铁刀和陆子刚刻刀的质地之类的推测，至今尚难定论。《天工开物》中虽也有用"蟾酥"、"蝦蟇肪"涂抹使玉致软一说[46]，但还需用实验证明。为了较全面地了解学术界关于历代琢玉工艺研究的概貌，下文将依时序并结合一些代表性观点作以阐述。

1998 年，杨虎等刊文认为，兴隆洼文化玉器工艺已出现了抛光、钻孔技术。但未见器表有装饰纹样的例证。匕形器用单面钻，玉管用两面对钻。当时人们还掌握了以砂为介质的间接磨擦法[47]。

同年，郭大顺刊文认为，红山文化玉器的一个最大特点是十分注重玉的自然特性的发挥。通体光素为其基本风格，尽量不留棱角和其他制作痕迹，饰纹也十分慎重。必须施用的雕线，如鸟兽的五官、鸟的翅尾、龟背纹等，都简明扼要，且线条的深浅与器面变化相互配合、有所过渡。线纹尽量顺体形而走，线内壁也经过加工。这些都使刻线与玉器光素的表面相协调，不显多余。红山玉特有瓦沟式隐槽和某些鸟兽首部五官的超浅浮雕技法，……使玉圆润光泽的质感得以更充分的表现出来[48]。

太湖地区良渚文化是我国新石器时代晚期代表最发达社会形态的古文化类型之一。其琢玉工艺因密若蛛网的纹饰、细若发丝的线条、光若玻璃的器表和神秘隐起的图案，引起了世人瞩目。对它的探讨，更是众说纷纭。

1998 年，林华东刊文系统地归纳了良渚琢玉的诸多工序：（1）采矿。可能在玉矿层中堆放柴草燃烧，高温后急泼冷水使矿石爆裂，再加楔取料。（2）开眼。推测有三种方法：①"马牦截玉"法。如《淮南子·说山训》中用马尾或鬃（良渚可能也用动物筋、皮细带）充"锯条"加砂水工作。②砣切法。即轴带带动扁刃硬石砣轮抹砂水切割。③木石锯加砂水锯切。（3）钻孔。也有三种方法：①实心钻。用"木工钻"往复式带动玉石质钻头穿孔。②管钻。是在竹管下端嵌入若干细小石刀刃片的形式。③琢钻法。用黑色燧石打制而成的小石钻直接琢挖而成。（4）打磨。用砺石或在可能的"砣床"上加"砂轮"进行。（5）雕刻。黑色燧石、石英之类的硬石刻具是可以胜任的。（6）抛光。可能将玉器放在竹木片或兽皮上磨擦，也可利用"砣床"把砣具换成木圆轮或包兽皮磨擦。现代云南腾冲玉工即用竹片抛光[49]。

1989 年，牟永抗在细致观察良渚文化玉器上的种种切割痕迹后认为，"古良渚人对玉器的加工，相当普遍地采用了以砂为介质的间接磨擦法。首先是在玉材的'开料'作业中运用了以片状硬性物件的直线运动为特征的锯切割和筋、弦等柔性物体作弧形运动为特征的线切割两种方法，……成为区别玉器和石器在制作技法上的标志。……线切割的作用力表现为向心性，不时留下凸弧形台痕；砣切割的作用力表现为离心性，用力方向指向圆弧的外缘。其次是线切割由于两端牵引力不可能始终保持在同一水平线上，而往往呈现波浪形的高低起伏；砣切割形成圆弧在砣具的有效半径内不会出现波浪形的起伏面。线切割形成圆弧的合理半径，均小于被切割体的最大径；砣切割时砣具的直径，至少倍于被切割的深度。一般地说，线切割时可能留下近似同心圆的弧线，……砣切割只能出现等径圆，而绝不会留下同心圆的弧线。良渚玉件的开料工艺中，目前还没有发现用砣的证据。当时被大量使用的是以两面对钻为特征的管状钻。它和线切割综合组成"搜"法，是运用于镂孔玉件和透雕纹饰的主要技艺。以纤细的阴线组成的花纹，主要是徒手的直接雕刻。在显微镜下观察，这些细如发的阴线往往由若干条划痕拼组而成，与砣雕琢的区别是显而易见的。繁密的线刻，和谐工整而生动的减地浅浮雕，连同光可鉴人的器表打磨，构成了良渚文化琢玉工艺的最高峰"[50]。但汪遵国等针对良渚玉器上某些相同的切割痕，提出了与前完全不同的良渚玉料用砣切割的观点[51]。钱宪和等甚至认为，类似反山玉琮王上的"神人兽面复合像"，"没有金属制造的工具是办不到的"[52]。闻广则通过试验发现，"加热至600℃以上玉块表层变为棕黑色，及至900℃以上则褪色发白且半透明度明显降低"。"反山及瑶山的刻花玉器，可以推断为加工成形后刻花前曾经900℃以上的加热处理"[53]。

1996年，周光林通过观察发现，石家河文化的琢玉工艺为"先将玉料切割，获得所需之毛坯，然后打磨抛光，最后以浅浮雕手法在毛坯上雕琢成型，线条流畅，形象逼真。雕塑所用的工具，……可能有两种：一种是比玉石硬度更大的砂类，如金刚石等，另一种可能是金属砣[54]。

1988 年，戴应新从几件陕西神木石峁玉器上的弧线痕迹推得，"石峁人也用转盘工具磨造玉器。这转盘虽非金属制成，然有水和解玉砂的作用，是能够达到预期的目的和效果的"。钻孔用"桯钻"，质料不外是石、骨、角、陶之类，再加上砂浆作用。另外，从一些玉器上发现的"线条弯度大，浮雕深浅适度，表明当时的玉工们不但手艺娴熟，而且已掌握了'勾彻'的技能"[55]。

1998 年，据杨耀林报道，广东深圳新石器时代"咸头岭遗址中出土二件可能是与加工玉石饰有关的水晶'钻头'"[56]。

2000 年，连照美刊文认为，卑南遗址玉器"壁上整齐的旋截细纹都清楚地说明，卑南文化人以'管状旋截法'为主要的制造玉器技术"。关于该项技术所使用的工具，日本学者早在 1946 年就认为，"这种管状截器非钢铁制不可为"。对此，她进一步认为，"当时不但有铜制的金属管钻技术，还使用了嵌有解玉砂的金属管钻与盘，以及车床等工具与设备"。现代玉石加工业者也认定这种"工具必定是比铜还硬的铁、钢材料，而且也一定需要某种程度的机械结构"[57]。

1998 年，黄宣佩刊文认为，齐家文化玉器的琢玉工艺，普遍采用将玉料锯剖成片成形，然后研磨修整与钻孔的方法。玉礼器在成形以后再作进一步研磨，所以器形比较圆整与光洁，但多数未作抛光。用片状工具加硬砂切割锯割相接处常见错位崩断遗留的一条台阶。钻孔技术有使用圆头钻与管钻两种，管钻用于钻制璧、斧上的大孔。无论圆头钻或管钻在单向钻进将要穿透时，孔眼边沿即崩断，所以钻孔穿透一面边沿凹缺不圆整。这成为齐家玉器工艺上另一特征。玉琮采用两面钻的方法，穿透后对孔壁再作修整，孔形不圆，孔壁不见旋痕，亦无对钻错位遗留的台阶。齐家玉器多数不十分规正，器表均为素面[58]。

如前所述，关于新石器时代玉器的琢玉工艺，学术界已做了大量研究，虽然观点尚不完全统一，但面目渐趋清晰。由于这些古文化遗址中至今未见金属工具，因此，笔者认为，在用非金属工具加工可能完成的情况下，我们应侧重于从此角度探考。其中用硬质砂作介质磨擦切割和管钻孔的工艺过程，基本上得到了大家的认可，只是究为砣切割还是线切割，分歧较大。

良渚玉器上繁密细刻纹的刻画工具究竟为何，一直困扰着学术界。笔者受亚马逊河流域"食人鱼"、"水虎鱼"齿锋坚利，被当地人用作刀锯和医生手术工具的启发，并结合福泉山等遗址良渚大墓屡有鲨鱼牙齿出土及等腰三角形扁薄尖利的鲨牙竟能在一般软玉上划出清晰的阴线纹的事实认为，鲨鱼牙齿可能是良渚玉工曾使用过的线刻工具。当然，据鱼类学专家鉴定，这只是一种凶猛的、个体约二米长的成年鲨鱼的牙齿，太大太小都不行。但也不完全排除自然界那种特别坚韧的黑曜石之类刻具的存在[59]。事实上，近年江浙地区已有这种刻玉的石质工具出土。结合大量精致的良渚刻纹玉器未见火烧痕迹的现象，笔者认为，前及良渚刻纹玉器在加工成形后，刻纹前曾经900℃以上加热处理和使用金属工具刻纹的观点，应重新加以考虑。

新石器时代玉器上普遍使用的切割工具，应是硬性竹、木、石、骨加砂掺水的片切割和软性动物筋皮条或丝麻马牦加砂加水的线切割。1998 年，笔者以崧泽遗址几件玉璜上弧度不一的切割痕为据，通过线绘砣片的规格进行了假设性剖切。结果发现，大小不一的圆砣无一能够切入玉料。因为依玉璜弧度绘制复原的圆砣半径都无法达到切入深度，而砣轴却进入了玉料之中。这是在切割过程中不可能出现的情况。相反，以线切割则可依靠拉线夹角的变化，达到任意大小的切割痕弧度[60]。良渚玉器上也有同样的痕迹。因此，有些学者依据某些弧线形痕迹而推断它们为砣切割，显然有失偏颇。

崧泽文化距今五千多年，此后，线切割这项技术发明一直被沿用下来。至少在 20 世纪 50 年代，苏州玉工还在使用同样的工艺，只是"线"已改为了坚韧的钢丝而已。

关于新石器时代以降的琢玉工艺，学术界的研究主要集中在工具出现的品种、结构及从遗痕上推测历代工具大小、厚薄、规格的先进性等方面。同时也兼及个别新出现的铸造、镶嵌，甚至化学手段等特殊工艺。

1954 年，郑德坤根据安阳出土的商代砂岩扁薄长刀及从一件玉斧线槽上测得直径为 8.35 厘米的圆锯推测，当时还有使钻、轮锯、磨盘转动的踏板床等。并认为，商代一件玉器的完成，工序已相当复杂：首先根据原料的形状制出玉器的粗坯，然后进行细加工。为了取得器边的较好效果，先在边缘钻需要的孔，再切出合适的曲边。龙等动物的嘴通常用连孔法凿制，孔周形成一排牙齿。同时又根据李济 1948 年的测定资料认为，"商代工匠使用钻头比刚玉还硬，有的工具几乎和金刚石一样硬。大多数动物、人物上的花纹，不是锯、磨，就是箭头切割留下的直线构成的花纹。磨光技术仅用于动物、人物的头部。商代穿孔工艺有大圆管，管对钻、对钻、单面钻、隧孔钻等等"[61]。

1987 年，王琳刊文认为，商代铜内玉兵的玉刃与铜柄（内）之间的结合技术十分特殊。如辽宁旅顺铜内玉兵经用2005X 射线机测定，"它们之间的结合，是通过铸造的办法使其形成"。"由于玉与铜柄接触的部位较小，并且玉件必须与铸柄的范吻合好，所以铸柄的范必须把玉件也包括进去"。"为了避免在铸造时（玉会）炸裂，铸前必须对玉件进行预热，……当达到理想的预热温度后，再进行铸造"。这种金属与非金属结合铸造的技术，"在中国铸造史上，也是一个了不起的创举"[62]。

1993 年，郑振香通过对妇好墓一件玉戚上痕迹的测量推测，其锯割"砣子的直径约有 17 厘米"。并据一件玉琮的钻痕推测，其管钻的空心管直径为 10 ~ 20 甚或 15 厘米以上。同时认为，可科学地"将大料上开片取下的玉料，用管钻的手段取下圆形料，并根据同心圆的原理再在中心部位打孔，使其成为璧、环、瑗的形状，如再经有计划地分割，设计出图案，即可雕琢出多种动物和人物形象的玉饰"。另利用钻心或是废料雕琢圆形动物形象，"是殷人在玉雕工艺上的创新"[63]。

1993 年，胡智生发现，西周强国墓地出土玉器制作工艺中，开料用砣切割或直接磨成坯材，刻线用片状青铜圆砣，钻孔用"桯钻"和管钻，打磨抛光用兽皮、丝织物[64]。

1998 年，贾峨刊文归纳了春秋战国时代的琢玉工艺：玉人采取单线、双阴线、镂空和隐起的雕琢方法；嵌玉包金浮雕兽面琵琶形玉带钩由珍贵的小块玉料精雕细琢，巧妙组成；而多节套扣的佩饰则运用了掏雕和透雕技术[65]。值得重视的是，战国晚期的楚玉，如河南淅川下寺楚墓出土的一种蚀花石髓玉器，"其花纹是用化学腐蚀方法形成的"。这是我国"前所未见的一种制玉工艺"[66]。

1983 年，夏鼐从河北满城汉墓玉璧上的平直锯痕、钻孔中的钻痕，尤其是玉衣片背面的锯痕推测，当时已有"圆片锯"和"直条锯"。锯时似曾用水和砂。锯缝一般宽 1～1.5 毫米，也有宽仅 0.35 毫米的，钻孔用杆钻和管钻。抛光技术已很高，可能使用了"砂轮"和"布轮"等打磨工具[67]。

1991 年，麦英豪从广州南越王墓玉器开料直锯痕的锯缝只有 0.5 毫米的迹象分析，汉代的切割工具是十分先进的。墓中最大一件玉璧的孔径 9 厘米、外径 33.4 厘米，外径都能见一圈圈平行状线纹，反映了管钻或旋割技术的高超（图六七）。并认为，当时已发明了一系列功能齐全的琢玉工具。玉珮上的穿系小孔用杆钻。个别玉璧纹样用刀刻，出现不少"跑刀"线痕。云、圆涡纹等圆卷线条用砣子碾磨。印文系用窄刃工具凿出，凹沟平直，起、收笔呈方角。但可惜的是，"考古发掘至今未见有汉代的玉器制作工场发现，……工具更无出土"[68]。

1992 年，杨伯达刊文对隋唐宋辽金元时代的琢玉工艺发表了见解。隋唐时代，"碾琢，喜用较密集的阴线装饰细部，类似绘画上的铁线描，或者注意起伏，而不加任何刻饰，……突出玉质美，镂空技巧有所应用，……构图简单，一般是个体或成对的，不见有背景或复杂的场面。……玉器多着眼于对象神韵的刻划，可以以气韵生动来概括这一时代玉器"。至宋辽金元时代，"像唐代那样密集的装饰性的铁线刻已不多见，代之以适应运态转折的隐起或阴刻。但在鱼、龙身上刻以斜纹交

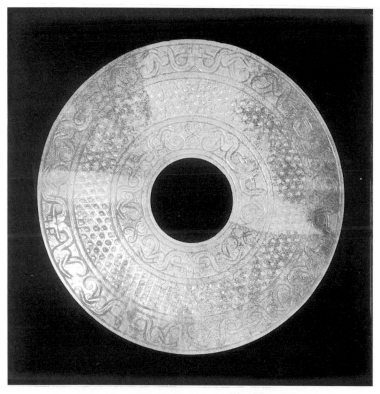

图六七　广州象岗西汉南越王赵眜墓出土玉璧

叉形成的菱形格文以代细鳞，这种示意性的刻法，可能是鳞的简化处理。镂空玉器在数量上激增，人物、花卉、动物、山水等玉器，往往运用镂空作法"[69]。

　　1998 年，李久芳刊文将明代琢玉工艺的特征归纳为五点：（1）多用新疆和田玉料制造，产生"晶莹润泽的玉料质感"。（2）磨平玉带板等玉器图案边缘棱角，"使凸起花纹的边缘部分，在相同的水平上磨掉了锋棱，呈现出窄平光滑的条状轮廓

图六八　上海打浦桥明代顾东川夫妇合葬墓出土玉插屏

线"。(3)镂空玉器"花纹图案上下浮起二、三层，乃至四层（图六八）。……表面一层抛光细腻而里层抛光较粗糙，甚至不作抛光"。(4)"巧妙利用管钻后深陷的圆痕"表示花蕊、莲蓬、兽眼等。(5)富于装饰效果地刻琢"回文和卐字文"[70]。

1982 年，杨伯达刊文指出，清宫的碾玉过程一般分为选料、画样、锯料、打钻（叨膛，大、小、钻）、做坯、做细（镌刻花纹）、光玉、刻款、作旧（烧古）等九道工序。"为适应碾制过程的复杂工序，玉行中分工也较细。从档案记载可知，造办处和苏州玉工分为画样、选料、锯钻、做坯、做细、光玉、刻款、烧古等工种。一件玉器需要这八个专业的工匠分工合作才能完成。在玉匠中能画样、选料者做领衔，如来自苏州的造办处南匠郭志通、姚宗仁等。锯钻工属于粗工，而做细、刻字、烧古难度较大"。这一时期玉工在技术上也是有所革新的。像琢磨几千斤的大玉，需要几个工种从四面同时开雕，既要明确分工又要密切配合，有节奏、有秩序地进行，是一项复杂而细致的组织工作[71]。

关于历代琢玉工艺的研究内容还有许多，以上仅仅是一些代表性的观点。但我们已经发现，古代琢玉工艺的发展速度是不断加快的。除玉与金属结合的器物利用了铸造、镶嵌的特殊工艺外，有些玉器上还出现了可能的化学蚀化技术。各种工具也已经细化，而且不同工艺技术还被巧妙地交叉使用。如利用管钻后深陷的圆痕表示花蕊、莲蓬、兽眼等。对于明清等晚期工艺，由于文献记录十分丰富，学术界的结论就显得更加客观、准确。

有关创造中国古代玉艺的玉工和作坊的记载，早期资料中并不多见。依笔者分析认为，因琢玉工艺是由石器工艺直接发展演变而来的，初期的玉作坊应由石器工场兼之。此后，特别是新石器时代晚期，随着玉礼器的大量使用，一批高技术的玉工逐渐脱离了石工队伍，组成了独立的琢玉作坊。

良渚玉器是新石器时代晚期文化中最为丰富的。因此，笔者认为，此期的琢玉作坊乃至玉工的情况必然会有很大的变化。1993 年，刘斌刊文认为，"良渚大墓中所葬之玉器，除可能存在的师承与进奉之外，绝大多数都应出自各墓主人亲手雕琢，在这些大量的、精美的玉器中，包含了他们毕生的精力和虔诚"。各墓葬玉品种的不同，"从共存陶器看，这些墓并不存在时间先后的差异，因此，它完全应该是生前职能分工和位次的一种反映"。在《山海经·大荒西经》中，有巫咸、巫即等十巫的不同称法，"或许正是这种职能分工的写照"[72]。时代相去不远的辽东文家屯西边四平山新石器时代遗址古墓中，曾出土过玉斧、牙璧和留有擦切痕迹的良质玉原石。1995 年，日本学者冈村秀典由此推断，"用玉原石陪葬，表示墓主是玉器生产者"。他们"既是玉器的生产者，也是玉器的消费者"[73]。笔者认为，将地位崇高的、甚至是首领或王者身份的人推论为玉器的直接制造者，视角虽独特，但尚需有力的证据。

春秋战国时代的情况，我们可从文献中找到一些记录。如1998 年，贾峨刊文指出，"据《管子·小匡》记载，当时的技术和知识是父子、师徒相授的。琢玉的切、磋、磨、镂、钻、抛光等技术都是通过父子、师徒代代传授的方法，在作坊中示范技巧，暗室教以密方。由子承父业，自幼耳濡目染，……把美玉雕琢成精美绝伦的工艺品"[74]。

明清时期的相关内容，许多是直接以档案的形式严格记录下来的。1997 年，殷志强刊文将明清时期的三大琢玉基地归纳如下：（1）造办处玉作。清代宫廷玉作由"造办处"管理，其中聚集了当时全国的琢玉高手。但实际情况是，造办处玉作很少碾琢出高水平的大件玉雕。主要原因在于，宫廷玉匠的创作活动受到严格限制，技术专长得不到发挥，而且各工种间又不能系统配套和密切配合。（2）苏州玉作。明清时期，苏州逐渐成为中国玉器的琢作中心。其玉作亦已形成独立的手工业，集中在专诸巷，那里作坊林立，高手云集，琢玉的水砂声昼夜不停，比户可闻。在同行业间，实行专业分工，有开料行、打眼行、光玉行等，形成规模生产。赫赫有名的陆子刚、姚宗仁、郭志通，均出自苏州专诸巷玉工世家。专诸巷玉器，玉质晶莹润泽，娇嫩细腻，犹如小儿肌肤。造型新颖别致，新品种层出不穷。图案线条刚柔相济，阴阳相错，达到炉火纯青的艺术效果。平面镂刻是专诸巷的一大特色，但玲珑剔透的玉器更为奇巧。壁薄如纸、介乎透明的薄胎玉器，技艺更胜一筹。（3）扬州玉作。扬州玉作以大取胜，玉如意、玉山子是扬州玉雕业的著名产品。其多次承担清宫廷陈设玉器的造作。如"大禹治水图玉山"、"会昌九老图玉山"等作品，小者数百斤，大者数千斤。扬州玉匠善于把绘画技法与玉雕技艺融合贯通，注意形象的准确刻划和内容情节的描述，讲究构图的透视效果。并采用高浮雕、立体雕技法，能把历史名画加以全面展示，气势宏伟，情景交融，场面壮阔，取法于绘画又胜于绘画[75]。

1984 年，栾秉璈刊文指出，"明清以前，有记载的艺师寥寥无几。晋王嘉《拾遗记》：'始皇二年，骞消国献善画工，名裂裔，裔刻白玉两为虎，削玉为毛，有如真矣。'这一记载，可能有些夸大，但说明裔琢玉的水平相当高。北京工艺美术界老艺人相传，金时著名的道教大师丘处机（长春真人），有卓越的琢玉技艺。……可惜，文献上未见有丘处机在这方面的记载。明代万历年间的陆子冈是历史上有记载的琢玉大师中最著名的一位，但其出生年月至今难以考证。有人认为陆子冈可能生于十五世纪上半叶，活跃于十五世纪下半叶"[76]。

（三）玉器辨伪与鉴考

由于中国玉器稀贵、美雅、神秘，得到了人们的普遍珍爱。然而基于不同原因，从古至今，各种各样的伪古、仿古玉器不断出现。因此，玉器辨伪与鉴考成为古玉研究中的重要内容。至少于北宋时已有相关记载，近人的著录也为数不少，但作者大都是古董商人。他们传统经验虽多，对考古发掘资料和自然科学却未予重视。近年，这种现象渐有改观。1998 年香港东亚玉器研讨会和北京传世古玉辨伪与鉴考会议，则大多由相关专家出席，并将所论成文，极具权威性和科学性。

1. 方法论

鉴定玉器的方法古已有之。近人又发明了比重法、X 射线法、化学分析法、电镜细窥等。但由于自然科学检测的新技术还不是十分成熟，因此，下文仅从文博界的传统经验及考古资料方面进行一些分析。

如前所述，鉴玉辨伪似始自北宋，明清又呈高潮，其中不乏真知灼见。但真正有价值的、比较科学的认识和方法，则主要产生于大量考古发掘工作展开之后。特别是 20 世纪 70、80 年代，一大批古文化遗址、墓葬的科学发掘，为玉器的辨伪提供了较为可靠的标准器。

1984 年，张永昌刊文从观念上总结出玉器断代的四个要点：（1）应把"稳定期"的制品作为重要的依据，因为它具有某一时期艺术风格的各方面特征。（2）对一种器物的时代特征，不能只抓住一点，不及其余。要从造型、纹饰、技法、玉色和玉质各方面，全面进行分析比较。（3）在各种特征中，要抓住主要方面。例如，在观察龙纹时应着重看头部、腿部以及它的纹饰演化，其中尤以头形最为重要。（4）要观物入微。这是因为有些重要的时代特征，常表现在很细微的变化上，而这些细微之处又常常被人们忽视[77]。

1998 年，常素霞以独特犀利的视角，抓住了玉器作伪的规律。她发现，"中国玉器作伪，实际上是与市场经济紧密相连，并以商业盈利为主要目的。因此，当我们清理和鉴定伪品时，就不能不对古玩市场有所了解、分析，在识别一切作伪手段和伎俩时，不能不紧紧抓住有利或无利可图这一中心环节和要害。同时，市场是随风而变的，只有掌握了世风及市场的演变和发展规律，才能摸清伪品的制作年代、作伪规律，以恢复历史本来面目"[78]。

同年，杨伯达客观地提出，要全方位辨伪，要从历史文献、存世实物、科学技术及传统和科学方法诸角度展开，具体从玉材、纹饰、做工、铭款、沁色、伤残七个方面着手。并提出，先要对传世古玉真伪的比例及内容有正确估计。如雍正、乾隆年间姚宗仁说："今之伪汉玉者多矣"，晚清吴大澂说："唐、宋以后伪制器之多，而古玉之真者不可辨耶。"另外，辨伪者下结论时要有根据，切忌"望气派"；对伪古玉的加工方法必须了解，以免无的放矢。有些如高濂所述，明工不能双勾之法等经验必须重视；对传统的辨伪法须"批判地继承"等等[79]。

2000 年，汪遵国刊文强调了直观的比照和感性认识的重要性，但绝对不能"纸上谈兵"。他在举例肯定北京故宫博物院一件"兔耳纹"玉琮和南京博物院一件人兽纹"D"字形玉器均为良渚文化玉器之后，又对个别未见过实物便下结论予以否定的学者提出了批评。"如果只靠观看玉器图录来学习鉴定，就会出现纸上谈兵、以假当真的情况。因为即使拍摄最好照片，印成最精美的图录，总不能如实反映玉器的质料、色彩、做工等全貌。在玉器鉴定上不当赵括、马谡式的角色，就要多看实物，特别是考古发掘品，从玉料、受沁、纹饰、造型、做工这些方面作过细的观察，积累感性认识，认真比较，周密思考，掌握其时代特点，才能获得真知"[80]。

1998 年，孙守道通过研究发现了红山文化仿制玉的规律，即以新仿为多，主要按图照进行。"仿品大半来自辽西与内蒙古东部，有相当多的假红山玉器是从红山玉器出土地区流传出来的，而且有的就是在其出土分布区域内仿造的"。伪造红山玉器"则是依据其所掌握的某些红山文化玉器的若干形制与特点臆造、拼成新的样式或品类"。对于红山玉的鉴定，还有一个需要认真对待的问题，即玉器确为史前时期，但属非红山文化玉器。这有地域上的、时空上的文化差异。还有即是区别对待后世沿用与继承的问题。如大甸子遗址夏家店下层文化、河南殷墟妇好墓出土的带柄勾形玉饰，显系后世人所喜用、珍藏；而大甸子玉璧、玉环、带凹玉瓦形器和妇好墓玉猪龙及西周虢国墓雕有商周花纹的马蹄形玉箍、玉猪龙，则无疑是红山文化玉器的后流形式[81]。

以上虽是一些专家的成功经验，但也仅仅涉及了古玉辨伪与鉴考中的几个方面。对于我们来说，在借鉴经验的同时注重自身的积累，才是更为有效的方法。

2. 典型器鉴考

在对古代玉器鉴考时，无论是传世品还是出土的资料中，都有一批面目不清、争议很大的典型器，近年尤以良渚和红山文化玉器为多。如江苏吴县春秋窖藏玉器中发现有良渚玉琮，说明仿制良渚玉器的条件至少在春秋时期就已具备了。因此，古玉的鉴定，面临着今人和古人的仿古和伪古玉及出土古玉因考古依据不明确或后人收藏而难以归属等诸多问题。同时，由于鉴考者选择方法、视角的不同，得出的结论往往也会有很大的差异。下文将以文博界几件颇有影响的、较为典型的玉器举例说明。

〰刻画的玉琮。藏上海博物馆。赭褐色，十五节，饰简化人面纹，近顶端一侧有一刻画。1991 年，林巳奈夫依其形与山东大汶口陶器上刻纹⚓⚓的下方和⚓的中间形式接近，因此"可以有很大的把握认为"，这件"琮的记号是大汶口文化的东西"[82]。

笔者经过检索发现，这种刻画在良渚文化中多有发现。即使在前者引用的上海福泉山良渚文化黑陶壶圈足上就有好几个，只是他没有与此联系起来而已。另外，在福泉山一件良渚文化陶豆上、上海青浦西漾淀良渚水井出土的陶壶上和上海松江广富林良渚陶鼎的盖上，都有此种形式的刻画。因此，它本来就是良渚人当时习用的土著纹饰单元，没有必要把它归入大汶口文化中去讨论。[83]

"兔耳纹"玉琮。北京故宫博物院藏有一件人兽纹琮形器。据汪遵国报告，从玉质、受沁、器形看，这件玉琮确为良渚文化玉器[84]。并被不少权威性论著和画册作为良渚玉器精品收入[85]。

但笔者发现，这件器物的许多地方暴露出非良渚时代的征迹：（1）出土良渚玉琮形器主调几乎全为冷色调，这件玉器偏红、偏黄。有人以传世因盘玩之故解释，但不可信，因为盘玩过的玉琮，如中国历史博物馆、上海博物馆等藏良渚玉琮，都呈深冷色。（2）器表裂纹出现得突然，与良渚玉上自然形成的隐晶状冰裂有异。且该琮内孔壁面光润，呈碧绿状，毫无受沁、火烤痕迹。与寺墩三号墓琮璧殓葬中因烧烤出现的破裂残缺、受火面不均的现象不同，有工匠仿古人为控制的征迹。（3）良渚出土玉器上的兽面，只要以隐起浅浮雕状表现，它的眼、鼻、口等就绝不会安置在同一个凸平面上。一般眼部微凸，靠眼梢部上凸最高，向内眼睑方向渐低与器壁持平。鼻、嘴等器官，有的取阴线刻工艺，有的施减地法浅浮雕状，鼻、嘴等都在单独的凸面上。而这个兽面，五官不明显，且统统用阴线刻纹表现在同一小凸面上，在出土资料中不见一例。（4）兽眼有外框形状呈胖尖的橄榄形（所谓的兔耳形），这在良渚文化中是没有先例的。浅浮雕状良渚兽眼外框一般作椭圆形，眼梢上翘状，眼梢顶部有稍尖者，顶端都呈弧尖，而绝不会如这件兽眼梢端成弧交锐尖状。兽眼眼球在出土资料中普遍是用同心圆表示的，形式分二、三个同心圆或密集式重圈纹。而这个兽面的眼睛用大大小小、参差不齐的云雷纹状刻单元填满整个凸面，既无眼球的表示，又显得杂乱无章。并且兽眼的瞳孔是个实心的小凹点，这在良渚兽眼上是绝对没有的。（5）兽眼之间有一桥形额纹，是良渚兽面的重要组成部分之一。而这个兽面的两眼之间并无这种凸额。另外，该兽面的鼻子既无凸起形体，也无阴刻表示，鼻翼、鼻梁都很不清晰。兽嘴的位置也不明显。凸面下端、两角上翘的变体长方形，不似常见的兽面阔嘴，更谈不上是良渚兽面特别强调獠牙门齿之类的表示了。（6）貌似良渚玉器的繁密纹填刻的旋涡纹单元，在这个兽面上填得满满当当，零乱不堪，完全缺乏良渚纹刻的原始朴拙，但又具有精心安排，认真刻划的独特风格。与良渚旋涡纹单元根本不同的是，这些纹饰都是线条无法顺旋周转的复回纹，而前者几乎全部是能顺旋周转、一线到底的螺旋状云涡纹。(7) 人兽上下位置颠倒，更是良渚文化玉器上绝迹的现象[86]。

尽管如此，因该器既有乾隆的题刻，又是古代仿古玉器的典型，其特殊的文物价值仍不可小视。

山字形玉器。藏弗利尔美术馆。刻纹的形式内容似良渚常用的羽冠巫蹻纹。1986 年，石兴邦刊文认为，它是一个"刻有正面展翅飞翔图案化的鸟纹。显然，这不是良渚文化，而是大汶口——龙山文化传统的东西。从图形的特征说，应该属于大汶口文化晚期"[87]。

笔者认为，这件山字形器上的图案不是"正面展翔飞翅图案化的鸟纹"。因为它没有鸟必须具有的喙、爪等特征性器官的表示，也没有双翅；上面"弓"字形框内的放射状线条呈羽毛状，是戴在倒梯形人面上的羽冠。因此，图案的上半截当为良渚玉器上常见的羽冠人面纹。但按良渚人兽纹的组合规律，下面置于左右两侧的椭圆重圈纹和弧角扁条填线纹是否为兽面的巨目和嘴，则值得商榷。良渚玉器上的人纹或兽纹，虽然基本格局比较一致，但属细刻人兽纹。其构成单元极富变化，几乎一器一样。这件玉器构成图纹线条密集，列良渚文化讨论，当属细密纹范畴。但奇怪的是，该器的图案却千篇一律地、频繁地出现在各种玉器，甚至石器上。如美国赛克勒博物馆的山字形器、台湾一私人收藏的玉璧及上海博物馆一件浊绿色玉镯和一件弧顶形的石斧。令人遗憾的是，这些器物中没有一件是经科学发掘获得的。赛克勒的山字形器柱下刻纹都太高，与良渚山字形器不符；台湾的玉璧，一器四图。对此，一般认为，礼天的良渚玉璧上只见线刻喻天的小鸟纹，从未见有喻地的地兽与人的图案；上海玉镯，浊绿色的玉材在良渚大量玉器中未见一例；弧顶石斧，上下叠置两图，更令人不可思议。良渚羽冠人兽纹，从未见过会施刻在石质的任何时代的任何器物上。因此，这种图案不是良渚时代的，而刻有该图案的器物也绝不可能属于良渚文化[88]。

日本学者林巳奈夫原来也将刻有此图的山字形器定为良渚时代。后见是论，特作修改，并于新版《中国古代玉器研究》一书的后记中指明了缘由。

石家河玉凤。发现于湖北天门罗家柏岭。作蟠蜷状，头尾相接，尖长喙，圆眼，短翅长尾，尾翎分开，腰部有镂空，可佩带，造型与纹样均属上乘。由于此凤与殷墟妇好墓出土一件玉凤的艺术风格有相似之处，从而引起古玉研究者的兴趣。20世纪50年代初，考古发掘者把它"暂定为新石器时代末期到铜器时代文物"[89]。1988年，石志廉刊文认为，该器是"龙山文化玉器断代的一件标准器"[90]。但同年，蒋树成提出不同意见认为，发掘简报中"（石家河）玉凤所出的地层是不大清楚的，时代也不是肯定的"。"而用凸出阳纹线雕技法琢成的玉器，……最早的是河南偃师二里头的玉柄形饰"。因此，更不能因为殷墟妇好墓阳纹玉凤风格与石家河玉凤相近而判定其为龙山文化的器物[91]。1998年，陈志达则刊文指出，"两者在形态设计上有显著区别，不像是同一时代的产品，可能是偶然的巧合"[92]。

虎形扁足和条形镂空扉棱玉片。这些玉片出土于江西新干大洋洲商代大墓。由于形制独特，且呈不完整状态，用途不明。2000 年，彭适凡通过研究发现，前者"基本特征为展体、屈足、臀翘、凸脊和尾外上卷等，都与青铜虎形扁足很是一致，其双面中部纵向隆起的中脊线也表现出仿半圆雕的艺术效果。就是器足下部彩绘弧形瓣状鳞片纹，也与青铜虎形扁的纹饰一模一样。在青铜虎形扁足鼎的器身腹腔部，一般都装饰有三个或六个等距离的竖置凸扉棱，且多数情况下以其作鼻构成三组或六组兽面纹，偶尔也有作为两组纹饰之间的间隔"。而长条形镂空扉棱片，其形制特征正与之相同。因此认为，"新干墓中出土的虎形扁玉足和长条镂空扉棱片应是漆鼎上的嵌附件"[93]。

螭龙璧和谷纹圭。北京故宫博物院一件定为战国的镂雕螭龙玉合璧[94]和上海文物商店一件定为战国的谷纹玉圭[95]，是玉界影响较大的玉制精品。但 1998 年，华慈祥提出不同意见认为，"两件雕琢精细、十分罕见的谷纹玉器上，都饰有'谷粒饱满'的谷纹。故宫的一件是用'管形砣具套磨琢制'，而玉圭从在谷纹底部残留的管钻痕迹可以看出，也是用'管形砣具套磨琢制'"。由于"管形砣具套磨琢制"的谷纹"不属于战国时期，而是后世（清代）的仿古之作，因此这两件玉器都是清代仿古玉"[96]。

皇后玉玺。1986 年出土于陕西咸阳渭河北塬上韩家湾的狼家沟村。方形，螭虎钮，四侧刻云纹，印面琢"皇后之玺"四字。时代为西汉。原报道曾断定其为吕后的玺印。但 1998年，王人聪提出不同意见认为，"这个说法是错误的。《汉书·高后纪》载：'惠帝即位，尊吕后为太后。太后立帝姊鲁阳公主女为皇后。'又《汉书·外戚传》：惠帝死后，吕后'更立恒山王弘为皇帝，而以吕禄女为皇后。'史书明载吕后在惠帝时已尊为太后，又前后亲自立鲁阳公主女和吕禄女为皇后，那么，她死后，怎么能将并不代表她身份的'皇后之玺'随葬呢"？有些学者也不同意原报道的意见。如罗福颐认为，它只是西汉的官印，而不是吕后的玺印。"据西汉的史实，礼仪制度以及西汉印文格演变的特点，对这方玉玺作了考证，认为这方玉玺绝非吕后之印。玉玺的年代，其上限不会早于西汉文景时期，下限当在武帝前后"[97]。

"淮阳王玺"和"婕伃妾娋"。这是两方流传有绪、著名的汉代玉印。对于它们的时代，学界多有争论。

"淮阳玉玺"，现藏中国历史博物馆。覆斗钮，边长 2.3厘米。王献唐以诸侯王印用玉质及印文元狩四年以前称玺、之后改为金、太初元年又改称印为据认为，这方"淮阳玉玺"应系吕后时期刘强或刘武之物[98]。1992 年，孙慰祖则从印文字体的风格特点上认为，此印应系宣帝时期刘钦一系之物[99]。1998 年，王人聪刊文认为，汉初印文仍有浓厚的秦篆作风，印面多作田字格。今此淮阳玉玺，印面无田字格，印文字体与西汉中晚期的官印印文风格相同。据此可以推知，其应系宣帝时期刘钦一系之物。此印用玉制作，为殉葬之明器，非实用官印，可以不依实用官印制度的规定[100]。

"婕伃妾娋"印，现藏北京故宫博物院。鸟钮。北宋时已出土。由于将印末"娋"字释为"赵"，自北宋王晋卿起就定其汉成帝皇后赵飞燕之印。王人聪认为，其实此印并非赵飞燕之印。容庚、王献唐均已指出印文之"娋"字为人名而非姓，印文"妾"是古时妇女的谦称，"婕伃"则系女官名，《汉书·外戚传》作"倢伃"。上述说法是很正确的。汉代印文通例，妾字之下所署的均是名而非姓，如"妾辛追"等，均是其证。此印印文官名与人名连署，可知亦系殉葬品，非实用之物。汉代殉葬专用印，印文多以官名与姓名连署，如"乐浪太守掾王光之印"等，均是其例。此印印文为鸟虫篆，汉代玉印鸟虫篆印文多见于西汉时期。缝（健）伃官名为武官所置，东汉时则无此官号，见《通典·职官十六》。由此可以推定，此印为西汉武帝以后之物[101]。

汪兴祖玉带。1970年，南京汪兴祖墓出土御赐金托云龙纹玉带。由于其构图生动，工艺精湛，具有元代的深刀特征，且与传统的明代风格相去甚远，引起了诸多学者的重视。1998年，白宁刊文认为，明代以前"注重整副玉带风格一气呵成，而不拘泥每块带板相互之间的局部效果，不刻意追求图案的对称呼应关系。而明代玉带在纹理处理上，既注重整体效果，又讲究左右对称，布局谨严"。"元代（龙）一般作三趾或四趾，明代则以四趾居多。按明代'五爪为龙。四爪为蟒'之说，此玉带龙作五趾，应系明初开国皇帝朱元璋所制作"。"玉带的工艺留有不少前代的痕迹，这种现象可以解释为一种生产工艺不会由于朝代的替代而突然变更，启示人们认识这类纹饰工艺的时代性质和过程性是具有共同性的"[102]。

清宫"先秦玉圭、汉代玉斧和唐代玉人"。这些玉器都是故宫藏品，常常见之于展览和出版物。长期以来，传统的结论始终未被动摇。1999年，杨伯达根据清宫"唐代玉人"上不合时宜的四块"水银沁"和"汉代玉斧"上多处十分刺眼的人工伪仿及"新石器或稍后"的"黑漆古玉圭"上二次人工染色和明显铁砣碾琢的纤细流畅的阴阳线工艺等等征迹认为，它们都是伪古或仿古玉[103]。事实上，在清宫的藏玉中，伪古和仿古玉不少，许多定名、断代也都是前人的记录。因此，笔者认为，在目前新的考古资料大量出现的有利条件下，似有重新考定的必要。

蟠螭纹玉盒。上海博物馆藏传世玉盒之一。由于相近可参考的出土资料罕见，其时代不甚明确。2000 年，华慈祥通过研究发现，此盒的旋涡纹是明代常见的一种。如万历刻本《月亮记·兄妹逃军》等版画、明代大制墨家程君房《程氏墨苑》和上海博物馆藏明景泰四年铁砚上的云纹。另盒上的蟠螭纹更与上海明代朱守城墓出土竹刻名家朱缨的"刘阮入天台"香熏底盖上的蟠螭造型一致。而文献中也有明代琢制蟠螭纹玉印池的记载，说明此盒当为明代文物[104]。

注　释

［1］陈久金等《含山出土玉片图形试考》，《文物》1989 年第 4 期。

［2］张敬国《安徽新石器时代出土玉器研究》，《文物研究》总 11 辑，1998 年。

［3］钱伯泉《凌家滩新石器时代遗址出土的玉制式盘》，《文物研究》总 7 辑，1991 年。

［4］王育成《含山玉龟及八角形来源考》，《文物》1992 年第 4 期。

［5］陈大年《陈大年所藏古玉石器琉璃器说明书》，《说玉》第 252 页，上海科技教育出版社 1993 版。

［6］巫鸿《一组早期的玉石雕刻》，《美术研究》1979 年第 1 期。

［7］张长寿《记沣西新发现的兽面玉饰》，《考古》1987 年第 5 期。

［8］张广文《上古时期的鸟纹玉器》，《故宫博物院院刊》1995 年第 4 期。

［9］邓淑苹《由蓝田山房藏玉论中国古代玉器文化的特质》，《蓝田山房藏玉百选》第 32 页，1995 年。

［10］［日］林巳奈夫《中国古玉钽牙》，《中国古玉研究》第 277 页，（台湾）艺术图书公司 1997 年版。

［11］邓淑苹《中国古玉之美》（下），（台湾）《故宫文物月刊》第 197 期，1999 年。

［12］牟永抗《前言》，《良渚文化玉器》第 X、XI 页，文物出版社 1989 年版。

［13］浙江省文物考古研究所反山考古队《浙江余杭反山良渚墓地发掘简报》，《文物》1988 年第 1 期。

［14］张光直《濮阳三蹻与中国美术上的人兽母题》，《文物》1988 年第 11 期。

［15］牟永抗《良渚玉器上神崇拜的探索》，《庆祝苏秉琦考古五十五年论文集》第 187 页，1989 年。

［16］车广锦《中国传统文化论》，《东南文化》1992 年第 5 期。

［17］张明华《良渚玉符试探》，《文物》1992 年第 12 期。

［18］张明华《良渚古玉——玉材矿源与巫师纹样新管见》，（香港）《中国文物世界》第 100 期，1993 年。

［19］张明华《良渚古玉》，（台湾）渡假出版社 1995 年版。

［20］张明华《良渚兽面为虎纹的又一重要例证》，《中国文物报》1998 年 9 月 9 日。

［21］邓淑苹《良渚神徽与玉耘田器》，（台湾）《故宫文物月刊》第 174 期，1997 年。

［22］江松《良渚文化“神巫组合像”新考》，（台湾）《故宫文物月刊》174 期，1997 年。

［23］岳洪彬等《良渚文化“玉琮王”雕纹新考》，《考古》1998 年第 8 期。

［24］周世荣《浅谈良渚文化玉璧的功能及其对中国货币文化的影响》，《良渚玉璧研究论文集》第 71～72 页，南宋钱币博物馆 1999 年版。

［25］Salmony, Alfrde, Chinese Jade through the Wei Dynasty, New York, 1963.

［26］［日］林巳奈夫《关于良渚文化玉器的若干问题》，（日本）《博物馆》第 360 号，1981 年；参见《南京博物院集刊》1984 年第 7 期。

［27］饶宗颐《有翼太阳与古代东方文明——良渚玉器刻符与大汶口陶文的再检讨》，《明报》二十五周年纪念特大号，1991 年。

［28］同［17］。

［29］王海明等《遂昌好川发现良渚文化大型墓地》，《中国文物报》1997 年 10 月 19 日。

［30］张明华《良渚社会文明论》，《中国民间文化》第 2 期，上海学林出版社 1994 年版。

［31］同［27］。

［32］李学勤《余杭安溪玉璧与有关符号的分析》，《文明的曙光——良渚文化》第 244、245 页，浙江人民出版社 1996 年版。

［33］李学勤《论良渚文化玉器符号》,《湖南省博物馆文集》, 1991 年。

［34］李学勤《论美澳收藏的几件商周文物》,《文物》1979 年第 12 期。

［35］庞怀清《跋太保玉戈——兼论召公奭的有关问题》,《考古与文物》1986 年第 1 期。

［36］徐锡台等《太保玉戈铭补释》,《考古与文物》1993 年第 3 期。

［37］李学勤《谈小臣系玉瑗》,《故宫博物院院刊》1998 年第 3 期。

［38］连劭名《虢国墓地所出商代小臣系玉瑗》,《中原文物》2000 年第 4 期。

［39］姜涛等《虢国墓地出土商代小臣玉器铭文考释及相关问题》,《文物》1998 年第 12 期。

［40］贾连敏等《虢国墓地出土商代王伯玉器及相关问题》,《文物》1999 年第 7 期。

［41］李学勤《秦玉牍索隐》,《故宫博物院院刊》2000 年第 2 期。

［42］栾秉璈《怎样鉴定古玉器》第 82～85 页, 文物出版社 1984 年版。

［43］章鸿钊《石雅》,《说玉》第 203、204 页, 上海科学教育出版社 1993 年版。

［44］同［5］第 228、231 页。

［45］夏鼐《汉代的玉器——汉代玉器中传统的延续和变化》,《考古学报》1983 年第 2 期。

［46］邓淑苹《中华五千年文物集刊——玉器篇》(一)第 134～140 页,(台湾)中华五千年文物集刊编辑委员会 1985 年版。

［47］杨虎等《兴隆洼文化玉器初论》,《东亚玉器》Ⅰ第 131 页,(香港)中国考古艺术研究中心 1998 年版。

［48］郭大顺《红山文化玉器特征及其社会文化意义再认识》,《东亚玉器》Ⅰ第 143 页,(香港)中国考古艺术研究中心 1998 年版。

［49］林华东《良渚文化研究》第 305～323 页, 浙江教育出版社 1998 年版。

［50］牟永抗《前言》,《良渚文化玉器》第Ⅴ页, 文物出版社 1989 年版。

［51］汪遵国等《良渚文化玉器考察》,《南京博物院——建院 60 周年纪念文集》第 98～100 页, 1992 年。

［52］钱宪和等《辨认真假古玉之科学标准兼谈中国的铜器时代》,《台湾博物》第 19 卷第 1 期, 2000 年。

［53］闻广《中国古玉研究的新进展》,《中国宝玉石》1991 年第 4 期。

［54］周光林《浅议石家河文化雕塑人像》,《江汉考古》1996 年第 1 期。

［55］戴应新《神木石峁龙山文化玉器》,《考古与文物》1988 年第 5、6 期合刊。

［56］杨耀林《深圳先秦玉、石饰物初探》,《东亚玉器》Ⅰ第 316 页,(香港)

中国考古艺术研究中心 1998 年版。

［57］连照美《台湾卑南玉器研究》，《故宫博物院院刊》2000 年第 1 期。

［58］黄宣佩《齐家文化玉礼器》，《东亚玉器》Ⅰ第 185～186 页，（香港）中国考古艺术研究中心 1998 年版。

［59］张明华《良渚古玉的刻纹工具是什么?》，《中国文物报》1993 年 12 月 6 日。

［60］张明华《崧泽玉器考略》，《东亚玉器》Ⅰ第 247～249 页，（香港）中国考古艺术研究中心 1998 年版。

［61］郑德坤《商代玉雕》，《东方陶瓷学报》1954～1955 年合刊；参见《南京博物院集刊》1984 年第 7 期。

［62］王彬《从几件铜柄玉兵看商代金属与非金属的结合铸造技术》，《考古》1987 年第 4 期。

［63］郑振香《殷人以圆为锥形雕琢玉饰之探讨》，《考古》1993 年第 10 期。

［64］胡智生《强国墓地玉雕艺术初探》，《文博》1993 年第 6 期。

［65］贾峨《关于春秋战国时代玉器三个问题的探讨》，《东亚玉器》Ⅱ第 69～71 页，（香港）中国考古艺术研究中心 1998 年版。

［66］赵世纲《河南淅川发现令尹子庚墓》，《光明日报》1980 年 9 月 14 日；参见刘和惠《楚文化的东渐》，湖北教育出版社 1995 年版。

［67］同［4］。

［68］麦英豪《汉玉大观——象岗南越王墓出土玉器概述》，《南越王墓玉器》第 39～56 页，香港中文大学文物馆 1991 年版。

［69］杨伯达《中国玉器面面观》，《古玉考》第 39、49 页，徐氏艺术馆 1992 年版。

［70］李久芳《明玉碾琢工艺特征及仿古作伪的鉴别》，《传世古玉辨伪与鉴考》第 83～85 页，紫禁城出版社 1998 年版。

［71］杨伯达《清代宫廷玉器》，《故宫博物院院刊》1982 年第 1 期。

［72］刘斌《良渚治玉的社会性问题初探》，《东南文化》1993 年第 1 期。

［73］［日］冈村秀典《中国史前时期玉器的生产与流通》，《考古与文物》1995 年第 6 期。

［74］同［65］。

［75］殷志强《古玉鉴定通论》第 186～192 页，（台湾）晔瑾出版社 1997 年版。

［76］同［42］第 85、86 页。

［77］参见栾秉璈《怎样鉴定古玉器》第 87、88 页，文物出版社 1984 年版。

［78］常素霞《古玉辨伪概说》，《传世古玉辨伪与鉴考》第 31 页，紫禁城出版社 1998 年版。

［79］杨伯达《传世古玉辨伪综论》，《故宫博物院院刊》1997 年第 4 期；《传世古玉辨伪的科学方法》，《传世古玉辨伪与鉴考》第 1～16 页，紫禁城出版社 1998 年版。

［80］汪遵国《良渚文化玉器鉴定丛谈》，《长江文化》2000 年第 1 期。

［81］孙守道《红山文化玉器鉴定与研究的几个问题》，《传世古玉辨伪与鉴考》第 101～113 页，紫禁城出版社 1998 年版。

［82］［日］林巳奈夫《良渚文化和大汶口文化中的图像符号》，《东南文化》1991 年第 3、4 期。

［83］张明华《关于一批良渚古玉的文化归属问题》，《考古》1994 年第 11 期；《良渚古玉》第 126～143 页，（台湾）渡假出版社 1995 年版。

［84］同［80］。

［85］中国玉器全集编辑委员会《中国玉器全集》（原始社会）图 165～166，河北美术出版社 1992 年版。

［86］同［83］。

［87］石兴邦《山东地区史前考古方面的有关问题》，《山东史前文化论文集》第 26 页，齐鲁出版社 1986 年版。

［88］同［83］。

［89］石龙过江水库指挥部文物工作队《湖北京山、天门考古发掘简报》，《考古通讯》1956 年第 3 期。

［90］石志廉《龙山文化玉凤》，《中国文物报》1988 年 6 月 17 日。

［91］蒋树成《这是龙山文化的玉凤吗》，《中国文物报》1988 年 8 月 26 日。

［92］陈志达《商代玉石禽鸟初步研究》，《东亚玉器》Ⅱ第 19 页，（香港）中国考古艺术研究中心 1998 年版。

［93］彭适凡《新干出土商代漆器玉附件探讨》，《中原文物》2000 年第 5 期。

［94］中国美术全集编辑委员会《中国美术全集》（玉器）图 13，文物出版 1986 年版。

［95］中国文物精华编辑委员会《中国文物精华》图 63，文物出版社 1993 年版。

［96］华慈祥《两件战国谷纹玉器真伪考述》，《东南文化》1998 年第 2 期。

［97］王人聪《汉代玉印简论》，《东亚玉器》Ⅱ第 151、152 页，（香港）中国考古艺术研究中心 1998 年版。

［98］王献唐《临淄封泥文字叙目》。

［99］孙慰祖《西汉官印、封泥分期考述》,《上海博物馆集刊》第六辑, 1992年; 叶其峰《西汉官印丛考》,《故宫博物院院刊》1986 年第 1 期。

［100］同［97］第 155 ～ 157 页。

［101］同上。

［102］白宁《汪兴祖玉带研究》,（台湾）《故宫文物月刊》第 180 期, 1998 年。

［103］杨伯达《清宫藏伪玉乾隆曾上当》,《中国文物报》1999 年 2 月 28 日。

［104］华慈祥《上海博物馆藏明代玉盒鉴别》,《上海博物馆集刊》第八辑, 2000年。

五 中国古代玉器发现与研究展望

为使新世纪中国古代玉器的研究向更加广阔、更加纵深的领域发展，我们除了回顾，还需要认真总结经验，发现问题，认准方向，找到方法。

玉器发现方面，今后我们要特别注意观察保护不被重视的、与出土玉器相关的迹象，并及时、完整地发表相关的资料，以改变过去只能局限于玉器本体研究的狭隘方式，对玉器展开全方位的研究。由于相关内容牵涉到田野考古技术问题，在此不再展开讨论。

玉器研究方面，至少有以下几个突出问题需要着重解决。

器物、纹饰的研究要防止"瞎子摸象"。这方面研究已取得过不小的成绩，但也明显存在一种比较主观的倾向。如中国国家博物馆一件先秦螭虎食人和其他单位的鹰攫人首纹等玉器，由于出土依据欠缺、文献资料空白，且纹样诡谲，在所见解读记述中，往往会出现完全相反的结论。一些权威刊物上关于螭虎食人纹珮上的所谓"人奋臂挣扎状、造型极其恐怖"的描述[1]，与事实恰好相反（此人表情安详）。而对于类似的虎食人纹青铜器上相近题材的所谓"神情惊恐"、"挣扎"等等的记述，也是问题多多，很不客观。有些被噬人的面部表情，甚至呈嘴角上翘、乐不可支的神态。据此判断，这些人（不应该普通人）被猛兽（应是动物形象的神兽）所吞噬的行为，在当时肯定是人所自愿的，甚至可以说是祈盼升天之类的宗教礼仪[2]。在良渚玉冠形器的专论和涉及这件玉器完整体复原及功能的几十篇探索文章中，提出了神偶之冠、羽冠、鸟形冠、蝶形器、神像、法器、主宰瘟疫的"氐宿"等各种观点。然而，1999 年浙江海盐县横港乡周家浜遗址一件用良渚冠形器镶饰的六齿象牙梳的出土，立即使争论了很长时间的冠形器问题有了定论。再如，"玉琮"的研究更加复杂。对于它的造型、年代、功能，共有烟囱、水井、玉主、神像、图腾柱、法器、神器、神柱、大勒子、钉头、天文仪、织机零件、生殖器套、女阴与男根、猪或猪头替代物等几十种说法。至于与所谓良渚"神徽"意义研究相关的观点更是出现了后来居上的趋势。

一般来说，学术讨论有利于正确结论的获得，但有时也需要我们冷静下来作必要的反思。为避免器物及纹饰研究陷入"瞎子摸象"的误区，我们必须找到正确的方向、方法。在这方面，我们发现古代文献对文物的考论有着极其重要的参考价值。20 世纪 90 年代，李学勤就提出了"走出疑古时代"的命题[3]。近年，杨伯达更是大力推崇从古文献中汲取玉文化的精华，以扎实地推动玉学的进步[4]。因此，笔者认为，只有认真阅读、分析、归纳文献中的相关记载并结合考古发现的资料加以论证，才是较为有效的方法。

理论研究要慎重，特别要理顺概念、符合逻辑。这方面的研究主要集中在前已涉及的良渚、红山、龙山时期"文明与否"和"玉器时代"的立论问题上。

对于第一个问题，我们认为，由于现在习用的文明标志始自西方学者，而他们并不了解中国存在着特殊的玉文化。现在将其引进作为中国文明与否的标志之一，是很有必要的。当然，对于此前已经存在的文明标志我们也不能妄加否定。事实上，在良渚及我国其他一些发达程度较高的新石器时代晚期文化中，已经发现了文字、城市、中心宗教建筑等西方文明定义中一些标志物的征迹。目前，我们应做的是尽可能多并扎实地去证明它们的客观存在，而不是偏重于不同观点的争论。

对于第二问题，争论双方的矛盾与前者有些类似。"玉器时代"的立论者，着眼于玉文化非同一般的意义，却对其所立论的时空关系的安排稍有欠缺，在逻辑概念上也同样存在问题。因为，被置于"石器时代"与"青铜时代"之间的"玉器时代"的意义表达，并没有超出"石器时代"中新石器时代的范畴。而立论者引以为据的风胡子的"玉兵"也只是"以伐树木为宫室"的工具，并非后人概念中作为装饰品、礼祭品的玉器。比较妥贴的诠释，即如1959年张光直在《中国新石器时代文化断代》[5]一文中将石器时代分为两期：普通石器时代和加入玉器的时代。或如1948年郭宝钧在《古玉新诠》[6]一文中所说，风胡子的"石兵即相当于剥击之旧石器，玉兵即相当于琢磨光滑之新石器"。此说应是依东汉许慎"玉，石之美者"为据的，它使把磨制光滑、工艺精良的新石器（含当时的玉器）识作"玉兵"成为可能。当然，这是笔者的一种意见。

辨伪与鉴定工作不能急功近利。这项工作历来是玉学界的重要课题之一。近年，随着市场经济的发展，各种玉器仿制品开始逐渐增多，并对相关收藏和研究工作产生了一定的影响。面对现状，我们应采取措施稳定现有人才，有计划地培养玉器鉴定的接班人，并开展多学科的研究。在继承传统的同时，还需要高科技的支持。

　　值得注意的是，以往有的科研人员为取得玉器上的信息直接在国家级的文物上刮取标本。虽说体量不大，但这种做法是不甚妥当的。因为，在古代玉器上的任何一点迹象，都是先民留给我们的最原始、最可靠的信息。今人的参与势必扰乱了这个历史信息的客观性，会给后人以误导。我们认为，检测对象应尽可能使用残碎器物替代。

　　玉器研究要有新的思路及规划。20 世纪的玉器研究，虽取得了一定的成果，但在宏观上尚需作出必要的规划，有些重大课也不容忽视，不能遗漏。杨伯达已经注意到了这个问题。他在《"巫·玉·神"泛论》[7]一文中提出："原始宗教从萌生、发展、兴盛以致衰落均与玉有着密切的联系，离开玉则无法理解原始宗教的盛衰和社会的变化。……近来，我们已清醒地意识到，近五十年来出土的数以千计的史前社会玉器大多是直接的或间接地与巫的通神活动联系在一起的。"所以，玉学界"研究原始宗教的功能、内涵与活动形式已成为史前玉器文化研究中不可回避的重大课题"。这也为我们今后的玉器研究提供了新的思路。当然，以上只是重大课题中的一个代表。

　　今后的困难和压力可能主要集中在研究队伍的组合与必要的资金上。我们认为，要展开重大课题研究，唯有国家文物局、中国社会科学院考古研究所成立玉器研究的课题组或相关专家组，并全面负责协调人员、落实资金、规划课题、策划会议，才是可行的出路。

注　　释

[1] 中国玉器全集编辑委员会《中国玉器全集》（春秋—战国）图239，河北美

术出版社 1993 年版。

［2］张明华《螭虎食人和鹰攫人首纹玉器所阐明的宗教意义》，《中国玉文化玉学论丛》（三编），紫禁城出版社 2005 年版。

［3］李学勤《走出疑古时代》，辽宁大学出版社 1994 年版。

［4］杨伯达《中国玉文化三个侧面——玉、玉器、鉴玩》，《古玉史论》，紫禁城出版社 1998 年版。

［5］［美］张光直《中国新石器时代文化断代》，《历史语言研究所集刊》第三十本，1959 年。

［6］郭宝钧《古玉新诠》，《历史语言研究所集刊》第二十本下，1949 年。

［7］杨伯达《"巫·玉·神"泛论》，《中国玉文化玉学论丛》（三编）第 221 页，紫禁城出版社 2005 年版。

参 考 文 献

专著

1. 那志良《古玉鉴裁》，（台北）国泰美术馆 1980 年版。

2. ［美］张光直《中国青铜时代》，三联书店 1983 年版。

3. 栾秉璈《怎样鉴定古玉器》，文物出版社 1984 年版。

4. ［美］张光直《中国青铜时代》（二集），三联书店 1990 年版。

5. 杨伯达《古玉考》，徐氏艺术馆 1992 年版。

6. 唐延龄等《中国和阗玉》，新疆人民出版社 1994 年版。

7. 孙机《中国圣火——中国古文物与东西文化交流中的若干问题》，辽宁出版社 1996 年版。

8. 余杭市政协文史资料委员会等《文明的曙光》，浙江人民出版社 1996 年版。

9. ［日］林巳奈夫《中国古玉研究》，（台湾）艺术图书公司 1997 年版。

10. 邓聪主编《东亚玉器》，（香港）中国考古艺术研究中心 1998 年版。

11. 杨伯达《古玉史论》，紫禁城出版社 1998 年版。

12. 杨伯达《传世古玉的辨伪与鉴考》，紫禁城出版社 1998 年版。

13. 林华东《良渚文化研究》，浙江教育出版社 1998 年版。

图典

14. 吴大澂《古玉图考》，同文书局 1889 年版。

15. 黄濬《古玉图录初集》，北平尊古斋 1940 年版。

16. 那志良《玉器辞典》，（台北）雯雯出版社 1982 年版。

17. 中国美术全集编辑委员会《中国美术全集》（玉器），文物出版社 1986 年版。

18. 那志良《中国古玉图释》，（台湾）南天书局 1990 年版。

19. 中国玉器全集编辑委员会《中国玉器全集》，河北美术出版社 1993 年版。

20. 傅熹年《古玉掇英》，中华书局香港有限公司 1995 年版。

21. 张永昌主编《斑斓璀璨——中国历代古玉纹饰图录》，国家文物局扬州培训中心 1995 年版。

22. 浙江省文物考古研究所等《良渚文化玉器》，文物出版社 1996 年版。

23. 史树青主编《中国文物精华大辞典》（金银玉石卷），上海辞书出版社 1996 年版。

24. 中国文物精华编辑委员会《中国文物精华》，文物出版社 1997 年版。

发掘报告

25. 中国社会科学院考古研究所等《满城汉墓》，文物出版社 1978 年版。

26. 中国社会科学院考古研究所《殷墟妇好墓》，文物出版社 1980 年版。

27. 上海市文物保管委员会《崧泽——新石器时代发掘报告》，文物出版社 1987 年版。

28. 湖北省博物馆《曾侯乙墓》，文物出版社 1989 年版。

29. 中国社会科学院考古研究所等《定陵》，文物出版社 1990 年版。

30. 广州西汉南越王墓博物馆《南越王墓玉器》，香港中文大学文物馆求知雅集·两木出版社 1991 年版。

31. 内蒙古自治区文物考古研究所等《辽陈国公主墓》，文物出版社 1993 年版。

32. 山西省考古研究所等《太原晋国赵卿墓》，文物出版社 1996 年版。

33. 河北省文物研究所《譻墓——战国中山国国王之墓》，文物出版社 1996 年版。

34. 辽宁省文物考古研究所编《牛河梁红山文化遗址与玉器精粹》，文物出版社 1997 年版。

35. 四川省文物考古研究所《三星堆祭祀坑》，文物出版社 1999 年版。

36. 上海市文物管理委员会《福泉山——新石器时代遗址发掘报告》，文物出版社 2000 年版。

论文

37. 郭宝钧《古玉新诠》，《历史语言研究所集刊》第二十本下，1949 年。

38. 冯汉骥《王建墓内出土"大带"考》，《考古》1959 年第 8 期。

39. 夏鼐《汉代的玉器——汉代玉器中传统的延续和变化》，《考古学报》1983 年第 2 期。

40. 夏鼐《商代玉器的分类、定名和用途》，《考古》1983 年第 5 期。

41. 汪遵国《良渚文化"玉敛葬"述略》，《文物》1984 年第 2 期。

42. 孙守道等《论辽河流域的原始文明与龙的起源》，《文物》1984 年第 6 期。

43. 孙机《玉具剑与璏式佩剑法》，《考古》1985 年第 1 期。

44. 王仁湘《带钩概论》，《考古学报》1985 年第 3 期。

45. 邓淑苹《由"绝地天通"到"沟通天地"》，（台湾）《故宫文物月刊》第 67 期，1988 年。

46. 安志敏《关于良渚文化的若干问题》，《考古》1988 年第 3 期。

47. 饶宗颐《红山玉器猪龙与豨韦、陈宝》，《辽宁文物学刊》1989 年第 1 期。

48. 杨伯达《中国古代玉器面面观》，《故宫博物院院刊》1989 年第 1 期。

49. 马承源《从刚卯到玉琮的探索——兼论红山文化玉器对良渚文

化玉器的影响》,《辽海文物月刊》1989 年 1 期。

50. 牟永抗等《试谈玉器时代》,《中国文物报》1990 年 11 月 1 日。

51. 李学勤《论良渚文化玉器符号》,《湖南博物馆文集》1991 年第 1 ~ 4 期。

52. 赵丰《良渚织机的复原》,《东南文化》1992 年第 2 期。

53. 郭大顺《猪龙与熊龙》,《鉴赏家》,上海译文出版社 1996 年版。

54. 孙慰祖《古玉印概述》,《孙慰祖论印文稿》,上海书店出版社 1999 年版。

55. 安志敏《关于"玉器时代"说的溯源》,《东南文化》2000 年第 9 期。

后　记

　　《20 世纪中国文物考古发现与研究丛书》，既要反映百年来，特别是新中国成立以来文物考古工作所取得的成就，又要对这一时期的考古发现与研究作出客观的记述、总结和评价。它有别于一般学术论著，并带有一定工具书的性质。这使我碰到了一些困难。不过幸逢朱启新先生的悉心指导和热情鼓励，让我保证了写作上的循序渐进和基本质量。上海博物馆李朝远副馆长的推荐和王仁波副馆长生前的关心，也让我感动不已。

　　需要说明的是，书中的照片资料采自各家收藏单位和出版物，因为过于分散，不便一一列出，在此谨表谢意。

图书在版编目（CIP）数据

古代玉器/张明华著. --北京：文物出版社，2006.8
（2020.11重印）

（20世纪中国文物考古发现与研究丛书）

ISBN 978-7-5010-1924-3

Ⅰ.古… Ⅱ.张… Ⅲ.古玉器-研究-中国 Ⅳ.K876.84

中国版本图书馆CIP数据核字（2006）第044747号

20世纪中国文物考古发现与研究丛书

古代玉器

著　　者　张明华

封面设计　张希广
责任印制　张道奇
责任编辑　周　成　张晓曦
出版发行　文物出版社
社　　址　北京市东直门内北小街2号楼
网　　址　http：//www.wenwu.com
邮　　箱　web@wenwu.com
印　　刷　河北鹏润印刷有限公司
开　　本　850mm×1168mm　1/32
印　　张　7.5
版　　次　2006年8月第1版
印　　次　2020年11月第2次印刷
书　　号　ISBN 978-7-5010-1924-3
定　　价　40.00元